Couvertures supérieure et inférieure
manquantes

CONCOURS PEREIRE

EXTINCTION

DU

PAUPÉRISME

ORLÉANS,

IMPRIMERIE DE PUGET ET Cⁱᵉ, RUE VIEILLE-POTERIE, 9.

1880

A MME ISAAC PEREIRE

MADAME,

Les grandes plaies de l'âme ne se cicatrisent jamais ; le monde n'a point de consolations pour les douleurs pareilles à celles que vous portez.

Et cependant, s'il est une pensée qui puisse calmer votre tristesse, ce sera celle de l'immense respect qui l'entoure. On oubliera peut-être le financier dont les conceptions hardies ont contribué au développement des grandes institutions de crédits, agents puissants de la richesse nationale, mais le nom de M. Isaac Pereire vivra dans la mémoire de tous les hommes généreux qui consacrent leur vie de penseurs à l'étude de ce grand problème du paupérisme dont, jusqu'à sa mort, M. Pereire a cherché la solution. C'était la préoccupation constante de cette vaste intelligence, qui, planant au-dessus des misérables querelles, embrassait l'humanité toute entière dans sa passion de faire le bien !

Votre charité, Madame, puisait sans compter dans cette bourse toujours ouverte; il vous regardait faire en souriant. La charité n'était qu'une distraction pour sa haute philosophie. Sa pensée allait bien plus loin. Lorsque vous écoutiez les pleurs de la mansarde, il entendait les gémissements de l'humanité.

. Et, de même que l'astre disparu éclaire encore l'horizon, cette pensée, survivant à la tombe, jette encore sa lueur sur les ténèbres du paupérisme.

Plus que jamais aujourd'hui la société moderne interroge le terrible sphinx. Il y a, dans l'inégale répartition du bonheur terrestre, une si criante injustice que toutes les âmes généreuses se révoltent contre elle. Philosophes, prêtres, politiciens, chacun sous une bannière différente, marchent à l'assaut de la question sociale. La cause des déshérités est devenue la cause de l'humanité; elle recrute ses défenseurs chez tous les peuples, dans toutes les classes, et parmi la foule bourgeoise que l'ouvrier regarde comme son ennemie, beaucoup d'hommes consument leurs veilles dans l'étude des graves et austères questions que le problème social soulève.

Cet énorme effort d'intelligences convergeant au même but n'est pas resté sans résultat. La marche en avant de l'humanité est constante surtout depuis un siècle. Quelques esprits s'obstinent à ne voir que les ruines amoncelées; ces ruines existent, tristes et regrettables sans doute, mais quelle armée, même victorieuse, ne laisse derrière elle des toits en flammes et des champs dévastés?

Au milieu des convulsions douloureuses de la société moderne, la France a plus souffert que toute autre nation ; c'est le lot des corps d'avant-garde. Le monde salue nos blessures, car sans elles l'Humanité n'eût jamais franchi les glorieuses étapes où elle s'est avancée sur la route du progrès.

Est-ce à dire que nous touchions au but, que nous puissions au moins l'entrevoir ? Hélas ! Non. Bien des fois les philosophes ont cru l'atteindre. Mirage décevant ! La question sociale est pareille au désert. Du sable ! Toujours du sable ! L'horizon de ce soir, l'horizon de demain semblable à l'horizon d'hier ; du sable ! Encore du sable ! Sur cette route, les uns découragés se couchent, d'autres, allant plus loin, prennent une oasis pour la terre fertile, d'autres enfin disent que le désert est sans fond et qu'il y a folie à le sonder.

Je suis presque, Madame, de ce dernier avis. Je crois que *l'extinction du Paupérisme* n'est qu'un beau rêve. L'Humanité obéit à des lois mystérieuses que la volonté de l'homme ne peut enfreindre. Pour le matérialiste ces lois, parties essentielles de la constitution organique du monde, sont implacablement immuables. Pour moi qui crois en Dieu, ces lois sont moins farouches ; à travers leur rigidité elles laissent filtrer la justice divine et par conséquent l'espérance.

Mais, si je ne crois pas à *l'extinction du Paupérisme*, c'est-à-dire à *l'état social parfait,* je crois que les conditions de la société actuelle peuvent et doivent être considérablement améliorées ; je crois que les principes de solidarité, de mutualité peuvent et doivent être beaucoup plus généreusement appliqués ; je crois que l'Etat doit considérer comme son premier devoir l'aide et le secours aux enfants, aux malades, aux invalides ; je crois que l'instruction élémentaire, l'organisation du travail sont absolument imparfaites ; je crois surtout que l'initiative de tous les progrès appartient à la France de 89, à la France qui, la première depuis dix-huit siècles, a parlé au monde de liberté.

Sans doute, les théories les plus habiles, les systèmes les mieux conçus, les lois les plus parfaites ne parviendront pas à compenser la flagrante injustice du sort.

Il y aura toujours des malheureux placés par le destin dans des conditions à défier la sagesse des philosophes, des politiciens et des économistes. mais il leur restera une dernière ressource, et, mieux que personne, Madame, vous connaissez cette suprême consolatrice qui s'appelle : la charité.

DE L'EXTINCTION DU PAUPÉRISME

AVANT-PROPOS

Je ne connais pas de formule qui puisse rendre tous les hommes heureux.

Je considère le paupérisme comme un état d'anémie sociale qu'une médication énergique ne pourrait qu'aggraver et que l'on doit se borner à combattre par l'emploi des toniques et des reconstituants. C'est la maladie des sociétés qui ont trop vécu. En pareil cas, l'exaspération du cerveau communique au malade une énergie factice, qui le pousse à l'action et ne tarderait pas à lui être fatale, car le moindre excès est funeste à un corps vieilli et appauvri par l'abus de la vie.

Si donc je me mêle aux derniers rangs de la foule accourue à la voix de M. Pereire, ce n'est point que j'aie la prétention d'apporter un remède empirique au mal dont les progrès ont ému le cœur du généreux financier, ce mal, je le regarde comme incurable dans une société aussi vieille que la nôtre; mais, persuadé que l'on peut en retarder la marche, je crois devoir profiter de la circonstance de ce concours, pour résumer certaines idées sociales qu'une pratique déjà longue des hommes m'a suggérées.

Ces idées ne sont pas nouvelles; elles hantent certainement l'esprit de tous ceux dont le regard a sondé les abîmes où gémissent les misérables. Ma pensée rencontrera-t-elle parfois celle des hommes éminents qui voudront bien lire ces quelques pages? Cette communion d'intelligences serait pour moi un grand honneur.

La thèse que j'entreprends de soutenir est celle-ci :

Un peuple n'est heureux que quand il est bien gouverné.

Un peuple n'a que le Gouvernement qu'il mérite.

Pour qu'un peuple soit digne d'un bon Gouvernement, il faut qu'il soit instruit, moral, laborieux, producteur.

Je diviserai donc mon travail en quatre chapitres spéciaux, traitant de l'Instruction publique, de la Répression, de la Mutualité, de l'Organisation du travail, et je concluerai par l'énoncé des principes sur lesquels un Gouvernement, quelle que soit son étiquette, doit baser sa Constitution pour assurer la sécurité et la prospérité de la nation.

L'INSTRUCTION PUBLIQUE

Le développement du bien-être matériel d'une nation est parallèle à son développement intellectuel.

Cette proposition est passée à l'état d'axiome ; tous les gouvernements inscrivent la diffusion de l'instruction en tête de leur programme ; on dirait un mot de passe sans lequel nul ne saurait être admis dans la lice des partis. Aujourd'hui que le suffrage universel est définitivement acquis, il importe qu'il devienne au plus tôt conscient de ses actes. Le droit au suffrage, en accordant à chaque citoyen une part réelle dans la gestion de la communauté, lui impose le devoir d'apporter toute l'intelligence possible dans l'exercice de ce droit. Des matelots ivres et grossiers, ne peuvent conduire une barque. Une société ne peut accepter la grave responsabilité de se gouverner elle-même qu'autant que la grande majorité de ses membres possède une dose d'instruction suffisante pour voter librement et se tenir en garde contre les habiles et les ambitieux. Aussi voyons-nous les nations subir une série d'avatars avant de parvenir au suffrage universel, type idéal de gouvernement qui exige une maturité complète de l'intelligence sociale. Tyrannie, oligarchie, féodalité, aristocratie, tiers-état, démocratie, chacune de ces formes de gouvernement correspond à un développement de l'instruction. Le pouvoir appartient à un plus grand nombre à mesure qu'un plus grand nombre est capable de l'exercer. Chacune de ces formes de gouvernement a eu sa raison d'être, chacune n'a disparu qu'à son jour, à son heure.

Les causes apparentes des révolutions sont rarement les causes vraies ; les hommes obéissent à des lois que, bien souvent, ils ne comprennent pas. Nous sommes à l'aurore de la période démocratique du vieux monde ; le développement de l'instruction a amené notre société au point où elle peut essayer de se gouverner elle-même ; vouloir étouffer cet essor serait folie ; qui le tentera se brisera ; mais si, par impossible, le niveau intellectuel venait à s'abaisser, nous reculerions fatalement jusqu'à la forme de gouvernement correspondant au point exact de notre décadence.

Les efforts d'une société démocratique doivent donc, tout d'abord, tendre au développement de l'instruction publique, puisque ce développement est une des nécessités absolues de son existence. Et, non-seulement cette société doit assurer à tous les bénéfices de l'instruction primaire, mais elle doit aussi faciliter l'épanouissement des intelligences d'élite. Tous les postes de l'Etat étant accessibles à tous, et devant être occupés par les plus dignes, il importe que cette sélection soit protégée le plus efficacement possible. Il n'est pas à dire pour cela que l'Etat entraîne la masse des écoliers vers des études d'une moyenne trop élevée. L'instruction ne sera féconde que répandue avec une sage mesure. Le devoir de l'Etat est à la fois de se garder du fléau des déclassés, les pires agents démoralisateurs d'une société démocratique, et de trouver une formule scolaire qui permette aux aptitudes de se développer sans grever les carrières supérieures d'un lourd stock de vaniteux et d'incapables.

Instruction obligatoire. La cause de l'*instruction obligatoire* semble aujourd'hui définitivement gagnée. On trouverait difficilement à cette heure un homme sérieux soutenant cette étrange thèse de l'*autorité quand même* du père de famille, autorité allant jusqu'à imposer l'ignorance à son enfant. Puisque la loi n'autorise pas le père à disposer de la vie de son fils, elle ne peut l'autoriser à frapper de mort son intelligence. Considérons donc la théorie de l'instruction obligatoire comme une conquête définitive de la société moderne et étudions les moyens de mettre en pratique cette théorie.

Les difficultés sont grandes. Toutes les fois que de la théorie on passe à la pratique, on se heurte à une multitude d'obstacles invisibles du haut de la question.

Rien ne paraît plus simple au premier aspect que d'organiser l'instruction obligatoire ; une ouverture de crédit et une loi portant sanction pénale semblent suffire pour transformer en fait acquis une mesure que les pères de famille doivent, sans exception, considérer comme un bienfait. En réalité, il en est bien autrement, et, sans une modification radicale de l'organisation scolaire, la loi décrétant l'instruction obligatoire ne pourrait être appliquée dans les campagnes que, pour ainsi dire, à l'état d'exception. Or, c'est surtout dans les campagnes que l'instruction est nécessaire.

La population rurale est la plus nombreuse, la plus robuste, la plus saine. C'est elle qui fournit le soldat et l'ouvrier. Au bout de deux ou trois générations, la race urbaine dégénérée devient stérile ; les grandes villes seraient bientôt désertes si elles ne s'infusaient sans cesse le sang généreux des campagnes.

Le même phénomène se produit dans l'ordre intellectuel. Après quelques générations, les citadins, dont le cerveau est comme alcoolisé par une dépense excessive de travail et de jouissances, perdent la notion exacte des choses ; leur esprit s'égare dans les utopies ou les chimères, s'énerve, se torture dans le jeu des passions fermentées.

On peut considérer les agglomérations urbaines comme des foyers qui éclairent, qui réchauffent, mais qui s'éteindraient promptement si la campagne ne les alimentait sans cesse. C'est donc l'instruction des campagnes qui doit préoccuper plus spécialement le législateur et le moraliste. Dans les villes, du reste, l'organisation de l'instruction obligatoire est plus facile, les moyens d'action sont puissants, le contrôle est aisé et l'on n'a qu'à protéger l'enfant contre les vices et la cupidité des parents. Dans l'atmosphère surchauffée de la cité, les aptitudes se révèlent aisément ; l'État doit s'efforcer de les soumettre à un contrôle qui permette de discerner entre les généreux élans d'une intelligence féconde, et cette sorte d'exaltation du cerveau parfaitement stérile, fréquente chez les jeunes citadins.

Je n'aborderai pas, dans cette étude, la question de l'instruction obligatoire dans les villes, je traiterai seulement de l'organisation scolaire dans les bourgs et les villages. Et, avant de parler de l'école, je parlerai de l'instituteur.

Je n'hésite pas à le dire ! notre système de recrutement est défectueux. L'Etat demande trop peu aux instituteurs et ne leur accorde pas assez. Cette catégorie de citoyens sur laquelle pèse une si lourde responsabilité est besogneuse d'argent et de considération.

De
l'Instituteur.

L'instituteur, toujours aux prises avecles difficultés matérielles de la vie et les difficultés morales de sa situation absolument dépendante, se meut dans un cercle trop étroit pour l'épanouissement de ses facultés. Sa liberté d'esprit, sa dignité professionnelle souffrent de cette contrainte. Malgré lui, deux pensées l'obsèdent: gagner assez d'argent pour vivre et se ménager une humble retraite ; se garer contre la colère ou la simple mauvaise humeur des innombrables personnages qui, à un titre quelconque, le regardent comme leur serviteur. Personne, en réalité, ne protège efficacement ces modestes employés auxquels on n'accorde même pas la liberté de conscience et qui tremblent au simple froncement du sourcil d'un préfet, d'un maire, d'un conseiller municipal ou d'un électeur influent. Cela ne devrait pas être, mais cela est ; cela serait bien davantage sans la Presse qui, parmi tous ses défauts, a du moins le mérite de signaler les abus et de faire peur aux tyrans grands et petits.

La première réforme à opérer doit donc viser la situation de l'instituteur. Il faut lui donner assez d'argent pour le mettre à l'abri de cette demi-misère dont il traîne sans cesse le boulet ; il faut définir nettement ses fonctions, ses devoirs, sa responsabilité, et lui assurer ainsi l'indépendance complète à laquelle, dans une société libre, tout homme a droit quand il accomplit son mandat. Il faut, pour cela, que l'instituteur comme l'officier soit propriétaire de son grade et ne puisse en être dépossédé que pour indignité constatée après débats publics par un tribunal régulier.

Cette réforme, sans doute, sera longue à venir. En assurant l'indépendance de l'instituteur, elle le soustrait à l'influence du

Gouvernement dont il cesse d'être l'agent. Mais j'ai la conviction qu'une démocratie ne peut vivre qu'à la condition de respecter, même chez les salariés de l'Etat, la liberté de conscience et la dignité du caractère. Quoiqu'émargeant au budget, l'instituteur n'est pas un fonctionnaire ; il doit presque ignorer l'étiquette du gouvernement qui le paye. Les hommes et les formules de gouvernements passent, l'Humanité demeure. L'instituteur est son ouvrier.

A l'augmentation de situation accordée par l'Etat à l'instituteur correspondent naturellement des devoirs plus étendus. La carrière de l'instruction primaire est aujourd'hui facile, trop facile ; les élèves parviennent trop jeunes à la position de maître-adjoint.

Le jeune homme envoyé loin de sa famille, de son pays, avec de très-minimes appointements, pour accomplir une besogne ingrate, sans autre stimulant que le devoir professionnel et l'espoir lointain d'un avancement, perd promptement le goût des études sérieuses ; seules les âmes vigoureusement trempées peuvent trouver dans le sentiment du devoir l'énergie nécessaire pour réagir contre l'engourdissement. Abandonnées à elles-mêmes les natures douces et timides (parmi lesquelles l'instruction primaire recrute la majorité de ses agents) se laissent aller à une sorte de torpeur morale ; l'instituteur est rarement un homme dépravé, il manque souvent de l'énergie morale nécessaire à l'ouvrier qui doit forger des citoyens. Les Ecoles normales se préoccupent trop de créer des pédagogues ; dans les courtes années que les candidats passent sur leurs bancs, elles les façonnent hâtivement à la besogne du magister, leur inculquent certains préceptes de morale, pour ainsi dire officielle, mais ne prennent pas le souci, ou n'ont pas le temps de préparer ces jeunes intelligences à la tâche très-lourde dont ils vont assumer la responsabilité auprès de la société ; si bien que l'instituteur, qui devrait être le premier fonctionnaire de la commune, n'occupe souvent qu'un rang minime dans la petite hiérarchie des autorités locales.

Le mode actuel de recrutement ne saurait donner un meilleur résultat. Les aspirants aux fonctions d'instituteur appartiennent presque tous à la classe des artisans. Fils d'instituteurs ou d'ouvriers, les jeunes gens ont hâte de gagner leur vie ; un garçon de 15 ans qui ne rapporte rien pèse si lourdement sur le budget d'un pauvre ménage que, sans l'exemption du service militaire, l'Etat ne trouverait pour l'enseignement que le rebut des chantiers et des fermes, tandis qu'il ne devrait confier l'instruction de la jeunesse qu'à des hommes robustes d'intelligence et de santé.

J'estime donc que l'intérêt et le devoir de l'Etat sont non-seulement d'augmenter la situation matérielle des instituteurs, mais de modifier radicalement le système de recrutement de ces agents.

Il n'y a pas place dans la marche rapide de cette étude pour un programme complet de l'enseignement primaire, aussi me bornerai-je à tracer à grands traits et sous la forme la plus sommaire la silhouette du système de recrutement dont je suis partisan.

Projet pour le recrutement des instituteurs.

Les instituteurs de chaque commune signalent tous les ans les élèves parvenus aux limites de l'instruction primaire, qui leur paraissent les plus dignes de concourir au grade de « moniteur. » La déclaration de l'instituteur est accompagnée d'un certificat d'enquête signé du maire et de quatre conseillers municipaux attestant l'honorabilité de la famille de l'enfant et indiquant la profession de ses ascendants.

Les candidats vainqueurs au concours prennent le titre de « moniteur » et reçoivent pendant deux ans une indemnité de 100 fr., ils aident l'instituteur dans ses fonctions et se préparent à subir les épreuves du deuxième degré pour l'admission au prytanée.

Dès l'âge de 14 ans, les lauréats du 2e concours sont admis au prytanée, où ils étudient pendant trois années à l'expiration de chacune desquelles ils subissent un examen. L'élève jugé incapable d'être admis dans la classe supérieure perd tout ou partie de ses droits à la bourse de l'Etat. Après deux épreuves malheureuses, le jeune homme est considéré comme démissionnaire. Les points obtenus pour la bonne conduite, la dignité de caractère, l'application à l'étude se multiplient par des coefficients élevés.

Au bout de trois années de prytanée, les études bifurquent. Les candidats à l'enseignement dans les villes suivent les cours des écoles professionnelles; les candidats au poste d'instituteurs ruraux sont dirigés vers les écoles d'agriculture ; pour les uns et les autres, le stage est de deux ans, à l'expiration desquels toute la promotion satisfait à l'obligation du service militaire en passant deux années sous les drapeaux : la première consacrée à l'instruction militaire telle que la reçoivent aujourd'hui les engagés conditionnels, la seconde occupée dans le service de santé où les futurs instituteurs remplissent les fonctions de caporaux ou sergents d'infirmerie sous la direction de médecins spéciaux.

A l'âge de 22 ou 23 ans, le jeune homme qui a franchi avec succès ces différentes étapes du monitorat, du prytanée, des écoles spéciales et de l'armée, est apte à recevoir le brevet de maître-adjoint avec un minimum de 1,200 fr. en plus du logement et du chauffage fournis par la commune.

L'Etat a beaucoup exigé de ce jeune instituteur, mais il lui assure une vie indépendante et honorée, car avec les appointements et la considération qui s'attache à son passé, le maître-adjoint se trouve de suite dans une situation parfaitement honorable, et il peut attendre sans se décourager l'heure de l'avancement.

Le maître-adjoint aura coûté à l'Etat :

2 années de monitorat à 100 fr......	200 f.
3 années de prytanée à 400 fr,......	1.200
2 années d'écoles spéciales à 400 fr..	800
Soit pour l'élève bénéficiant de la bourse entière	2.200 f.

L'Etat reste naturellement créancier de son boursier à toutes les époques. Le maître-adjoint s'engage à demeurer dix ans dans l'Enseignement qu'il ne peut quitter qu'en remboursant à l'Etat 2,200 fr., s'il donne sa démission avant cinq années de service, et 1,200 fr. s'il renonce à son grade avant les dix années expirées. Tout élève congédié ou reconnu incapable pendant les cinq années du prytanée et de l'école spéciale, doit à l'Etat cinq années de service militaire dont il ne peut s'exonérer qu'en versant au Trésor une somme de 1,500 fr.

Les élèves libres, c'est-à-dire ne réclamant pas les bourses de l'Etat, sont soumis au droit commun et peuvent démissionner dès qu'ils ont satisfait à la loi militaire.

Jusqu'à l'âge de 40 ans, les maîtres-adjoints et instituteurs font partie de l'armée territoriale en qualité de sous-lieutenants et de lieutenants. Ils sont chargés de tout ce qui regarde dans leur commune l'organisation et la concentration de cette armée.

Toute fonction salariée, tout commerce ou trafic sont interdits à l'instituteur qui peut, néanmoins, consacrer ses heures de loisir à des leçons payées. Il peut, en outre, avec autorisation spéciale de l'Inspecteur primaire, tenir le secrétariat municipal, percevoir des vacations pour travaux d'arbitrage et d'arpentage ordonnés par le tribunal ou le juge de paix, recevoir les dépôts pour la Caisse d'épargne. Il bénéficie, mais avec interdiction absolue de vente, du produit du jardin expérimental de l'école, cultivé par les élèves sous sa direction et sa responsabilité.

Quinze jours avant la rentrée des classes, tous les instituteurs et adjoints réunis au prytanée départemental, assistent, pendant une semaine, à des cours spéciaux et subissent des examens publics à la suite desquels le Conseil académique dresse le tableau d'avancement. Des récompenses honorifiques, médailles, inscriptions au *Journal officiel*, décorations universitaires, etc., etc., sont décernées aux plus dignes. Un certain nombre de boules noires entraîne le changement de résidence ; trois examens ne produisant pas un nombre de points donné enlèvent tout droit à l'avancement et peuvent provoquer de la part du Conseil soit une demande de démission, soit la radiation.

Après 25 ans de service (les années militaires comprises), l'instituteur a droit à la retraite avec le tiers de ses appointements. Après 35 ans, la solde de retraite est de moitié des appointements ; elle atteint les deux tiers après 45 ans.

Il y a quatre classes d'instituteurs correspondant aux traitements de 1,500, 1,800, 2,400 et 3,000 fr.

L'instituteur malade touche pendant deux mois sa solde entière ; pendant les quatre mois suivants, il touche demi-solde ; après six mois d'incapacité de travail, la pension de retraite est liquidée à 500 fr. pour les quatrième et troisième classes ; à 800 fr. pour les deuxième et première classes.

L'Instituteur-Médecin.

Si je demande que l'une des deux années passées sous les drapeaux par l'élève-instituteur soit consacrée au service de santé, c'est que, une fois dans sa commune, souvent éloignée de la résidence du médecin, l'instituteur est appelé à donner les premiers secours, et il importe que ces secours soient intelligents. C'est chez lui que la boîte de secours est déposée. A la première nouvelle d'un accident, abandonnant sa classe à la surveillance de ses moniteurs, il accourt sur les lieux, fait les premiers pansements, administre les premières doses et permet ainsi au patient d'attendre l'arrivée du docteur qu'il assiste dans les opérations difficiles et qui lui confie le contrôle de la bonne exécution des ordonnances. Cette mesure est indispensable dans les campagnes où, les visites médicales étant forcément rares, les malades se trouvent abandonnés aux soins parfois dévoués mais bien souvent grossiers de leurs proches. Il est bien entendu que, sauf le cas toujours fort rare d'accident, l'instituteur ne s'occupera des malades qu'en dehors des heures de sa classe.

Je me suis longuement étendu sur les conditions du recrutement des instituteurs parce que je considère comme le premier devoir d'une société qui veut vivre et progresser, de constituer des cadres sérieux et solides. Dans les sociétés dominées par l'idée religieuse, le rôle de l'instituteur limité à la pédagogie peut sembler secondaire ; le véritable éducateur de l'enfance est le prêtre, dont le caractère sacré exerce sur l'imagination de l'enfant une influence considérable. Nous n'avons pas à discuter ici le mérite de cette influence. Les tendances modernes nous conduisent évidemment à une constitution sociale dans laquelle l'Etat et l'Eglise devront vivre, sinon ennemis, du moins séparés ; il faut donc qu'en dehors de tout culte, de tout dogme, l'autorité morale qui appartenait au prêtre, se concentre sur l'instituteur. Une nation peut vivre sans un bon gouvernement ; elle ne saurait exister sans un cadre excellent d'instituteurs.

DE L'ÉCOLE

Par le fait même de l'obligation de l'instruction, l'école devient le plus important des organes sociaux. Des instituteurs instruits, honnêtes, moraux, ne suffisent pas ; pour que leur enseignement soit fécond, il faut que tous les enfants puissent en profiter. Or, avec l'organisation actuelle, la dispersion des hameaux, leur éloignement, interdisent l'accès de l'école à une quantité considérable d'enfants. Aucune loi ne pourra supprimer les impossibilités matérielles résultant de la température et de la distance ; et cependant, du moment où l'Etat impose à l'enfant l'obligation d'être instruit, il prend l'engagement de lui rendre cette instruction possible. Au risque de grever son budget, l'Etat devra donc multiplier les écoles, non plus en proportion de l'importance des communes, mais selon les exigences de la dispersion de la population ; l'instruction devenant nationale de communale qu'elle était, l'enfant suivra les cours de l'école la plus rapprochée de sa résidence sans se préoccuper si cette école se trouve sur le territoire de la commune qu'il habite. La concentration des classes doit être absolument abandonnée. A moins d'une agglomération compacte (comme il en existe dans les villages où la population, plutôt industrielle qu'agricole, est occupée dans les usines), l'instituteur établira son ou ses adjoints dans le ou les hameaux réunissant un minimum de vingt élèves. Son contrôle devient évidemment plus difficile, mais, avec le système de recrutement indiqué plus haut, l'adjoint est digne de supporter une sérieuse responsabilité.

Vacances scolaires.
Il importe également de transporter les vacances scolaires à l'époque de l'année où la brièveté des jours, l'inclémence de

la température, interdisent, par force majeure, le chemin de l'école. L'automne, saison charmante et douce, a naturellement été choisie pour les vacances des internats ; mais les conditions de l'externat sont absolument différentes. L'obscurité, le froid, la pénurie de vêtements, sont des obstacles réels à la fréquentation de l'école pendant les mois d'hiver. Si les vacances, commencées au mois d'août, prennent fin en octobre, et que, par suite de la température, un certain nombre d'enfants soient obligés de manquer l'école pendant les mois de décembre et janvier, ces enfants se trouveront, au printemps, dans une situation d'infériorité vis-à-vis de leurs condisciples, la moyenne des cours en souffrira. Il serait donc beaucoup plus rationnel de laisser à l'inspecteur primaire le soin de fixer la date des vacances qui, selon l'état de la saison, commenceraient du 15 novembre au 1er décembre, pour se terminer du 15 janvier au 15 février. Les enfants passeraient alors auprès de leurs parents cette rude saison d'hiver pendant laquelle la famille est presque toujours réunie. L'hygiène, la moralité et l'instruction de l'enfance ne pourraient que gagner à cette modification peu importante dans la forme, et qui serait très-favorablement appréciée de tous ceux qui, passant l'hiver au milieu des populations rurales, savent combien l'assiduité des écoliers est difficile, sinon impossible pendant la rude saison.

Je suis loin de mettre en doute le dévouement des instituteurs, mais il est malheureusement certain qu'un nombre relativement considérable d'enfants, après plusieurs années de présence à l'école, ignorent presqu'absolument les notions les plus élémentaires de l'instruction ; beaucoup épellent à peine et ne savent point signer leur nom. La nature grossière de ces écoliers, leur intelligence paresseuse ne suffisent pas à expliquer leur ignorance, car un certain nombre d'entr'eux deviennent plus tard des cultivateurs, des commerçants ou des ouvriers intelligents ; on en rencontre qui, parvenus à l'âge d'hommes, acquièrent rapidement l'instruction élémentaire et la dépassent quelquefois. Les intelligences absolument rebelles sont rares, même dans les campagnes les plus reculées ; la culture seule a manqué à ces jeunes cerveaux alourdis par la matière et alimentés par le sang d'une race grossière. L'instituteur chargé d'une classe nombreuse ne peut songer à défricher de pareilles broussailles. Forcément il rassemblera autour de lui les plus intelligents et les plus dociles, il leur donnera tous ses soins, il s'intéressera à leurs succès. Sa mission n'est pas une mission de charité, il ne peut s'attarder près des intelligences malades ; c'est un semeur et non un laboureur, il répand le bon grain et ce grain lève ou meurt selon le sol qui le reçoit.

Il y a là un vice réel qui paralyserait tous les efforts de l'Etat et qu'il faut, à tout prix, corriger ; on l'atténuera dans une très-forte proportion en imposant à tout conscrit illettré une année de plus de service militaire et en multipliant les classes de façon à ce qu'un maître, aidé de deux moniteurs, ne distribue jamais l'instruction à plus de quarante élèves. Ce chiffre est un maximum qu'il ne faut jamais dépasser, si l'on veut diminuer considérablement la proportion des illettrés. N'oublions pas, en effet, que le prêtre n'ayant plus le libre accès dans l'école, l'instituteur est chargé maintenant non-seulement de l'instruction primaire, mais encore de l'éducation morale sans laquelle il n'y a pas de citoyen ; n'oublions pas non plus que le but de l'Etat n'est pas seulement de distribuer à tous les principes élémentaires de l'instruction, mais aussi de favoriser partout où elles se trouvent l'épanouissement des intelligences d'élite dont le nombre fait sa force et sa sécurité. Pour une mission si haute, si délicate, si complexe, le dévouement des maîtres ne suffit pas ; ils resteront toujours au-dessous de leur tâche si, accablés par la besogne ingrate de la surveillance à exercer sur un grand nombre d'écoliers, on ne leur accorde ni le temps, ni la liberté d'esprit nécessaires pour modeler l'intelligence et le cœur des jeunes enfants qui leur sont confiés. Dépenser beaucoup pour instruire et moraliser le peuple, c'est, pour l'Etat, un placement d'argent avantageux ; ce que l'on paye pour l'école on l'économise sur les prisons, sur la justice, sur l'armée, car une nation instruite et morale donne son maximum de production, compte peu de non-valeurs et inspire à ses voisins l'estime et le respect.

Dans un pays libre, l'instituteur, sous sa responsabilité, doit être maître de son enseignement. A lui de choisir sa méthode.

Peu importe son procédé, pourvu que tous ses élèves subissent avec honneur les examens. Je dis « tous ses élèves » parce que le maître est responsable de l'ignorance de l'écolier qui n'atteint pas un minimum de points imposé. L'instruction élémentaire de l'école n'est pas plus difficile que celle du régiment ; or, il est presque sans exemple qu'un conscrit ne parvienne pas en un an à connaître l'école du soldat.

Si donc les inspecteurs, dans leurs fréquentes visites aux écoles, rencontrent un élève d'une instruction insuffisante, ils mettront l'instituteur en demeure de prouver que l'ignorance de cet écolier ne saurait lui être imputée, et, dans le cas où le tort appartiendrait aux parents de l'enfant, ceux-ci seront poursuivis correctionnellement.

Je ne chargerai point cette étude des détails de l'enseignement, J'ai indiqué le principe, cela suffit. Si, tout d'abord, je me suis étendu si longuement sur l'instruction primaire, c'est que, je le répète, l'instituteur est pour moi le premier ouvrier social. On fait un peuple heureux avec un bon gouvernement ; on fait un bon gouvernement avec des électeurs honnêtes et intelligents ; on fait de bons électeurs avec de bonnes écoles.

LA RÉPRESSION.

J'aborde un sujet douloureux mais dont la discussion s'impose à cette place.

J'ai, d'abord, parlé de l'école, outil avec lequel l'Etat façonne la moralité et l'intelligence des citoyens, il faut maintenant examiner quel est le devoir de l'Etat en face des délits et des crimes qui, dans une société démocratique, doivent être considérés comme des attentats d'autant plus répréhensibles qu'ils portent directement atteinte à la vitalité du corps social.

Les gouvernements monarchiques modèlent leurs lois selon le bon plaisir ou l'intérêt des souverains ; ils peuvent, sous leur responsabilité, se montrer cruels, faibles, inconséquents ; ils ne doivent compte à personne des motifs de leurs actions ; mais un gouvernement démocratique n'existe qu'en maintenant une légalité implacablement fondée sur la justice et l'intérêt général ; impersonnel dans ses actes comme dans sa responsabilité, dépositaire des intérêts de la communauté dont il est l'émanation, il ne lui est permis ni de frapper avec colère ni de faire grâce. Pour l'homme qui vit en société, vivre libre c'est jouir de tous ses droits et observer tous ses devoirs, c'est se mouvoir sans contrainte dans le cercle tracé par les lois. A cette condition seulement, une démocratie est possible. Cette forme de société n'autorise pas la moindre licence. Le jour où un citoyen quelconque peut éluder la loi, la démocratie est perdue, elle est prête à subir le joug d'un César.

On a singulièrement abusé, depuis quelque temps, de la phi-

losophie humanitaire. Toute une école de philanthropes, prenant
le contre-pied de la question sociale, s'apitoye sur le sort des
hommes qui, après s'être volontairement déclarés les ennemis de
la société, subissent le châtiment de leurs fautes. Alors que,
chaque jour, des milliers d'honnêtes gens, de travailleurs courageux, de citoyens intègres sont en proie aux tortures d'une
misère imméritée, les philanthropes, gémissant sur les infortunes
des bandits, des voleurs et des assassins, détournent la compas·
sion publique au profit de la foule impure des insurgés contre la
loi. On arrive ainsi à fausser chez le peuple le sens moral et
la notion du juste; encore un peu et le condamné ne serait
plus un flétri.

Réagissons contre ces tendances dissolvantes ou revenons à la
Monarchie, à l'Empire. La société laïque n'a pas pour mission la
réhabilitation des flétris; sa philanthropie n'est point celle du
Bon Pasteur; sans haine comme sans pitié, elle défend la communauté contre les entreprises coupables, et tous les moyens lui
sont bons pour rendre ces entreprises plus rares et moins dange-
reuses.

Tout crime, tout délit est un tort causé à la communauté, tort
matériel et moral que le coupable doit réparer. La loi peut, sans
doute, tenir compte des circonstances et ne pas exiger toujours
une réparation proportionnelle au préjudice, mais, entre l'intérêt
de la communauté et l'intérêt du délinquant, il ne lui est pas permis d'hésiter. Tout citoyen, quelle que soit son origine, a droit
aux moyens d'existence, c'est-à-dire au travail; la société doit
s'arranger pour les lui procurer. Mais si, par lâcheté, par paresse,
par perversité d'instincts, par quelle cause que ce soit, un citoyen refuse sa part de labeur et trouble l'harmonie sociale, la
société doit traiter le délinquant comme un débiteur insolvable
et prendre immédiatement les mesures les plus efficaces pour se
protéger et pour se faire compenser le dommage causé par le
crime ou le délit. C'est une question dans laquelle la philanthropie n'a rien à voir. Je vais plus loin : dans ma conviction la certitude de la répression implacable peut seule exercer une salutaire influence sur les esprits pervers que l'expérience montre
parfaitement rebelles à toutes les tentatives de réhabilitation.

Crimes
et délits.

Récidivistes.   Les récidivistes sont la plaie la plus honteuse de notre civilisation. Ils pèsent lourdement sur la société dont ils paralysent les progrès, faussent l'intelligence et avilissent la moralité. Toute nation qui conservera un tel foyer de corruption, restera malade et ne pourra combattre efficacement le paupérisme. Dans la plupart des cas, je le sais, le récidiviste est presque inconscient de ses actes ; son cerveau infirme, mal équilibré, maintient son système nerveux dans un état constant d'irritabilité fébrile ; j'admettrais volontiers son irresponsabilité comme celle des fauves qui rapinent et tuent par instinct ; mais cette irresponsabilité ne diminue en rien le préjudice causé ; la société, sans se préoccuper des circonstances, ne jugeant que le dommage et visant uniquement l'intérêt général, a le devoir strict de se garer contre de nouvelles attaques et d'exiger toute la réparation possible.

La répression certaine serait, à mon avis, une œuvre philanthropique par excellence. Du jour où il sera bien avéré que toute infraction à la loi est immédiatement punie, le nombre des délinquants diminuera dans une notable proportion. Beaucoup de natures, plutôt faibles que perverses, s'enhardissent au mal pendant le sommeil ou la somnolence de la loi. Accordez franchement toutes les libertés compatibles avec l'état de société, mais ne tolérez aucune licence, si petite soit-elle. Indiquez clairement, en le réduisant aux termes les plus concis, le « permis « et le « défendu, » le peuple apprendra vite ce code dont sa conscience soulignera les arrêts, et n'acceptez aucun compromis. Vous traitez de peccadille l'acte du maraudeur ou du braconnier : c'est une grande erreur sociale. Dans une démocratie il n'y a pas de peccadille. Ce maraudeur, ce braconnier dont volontiers vous amnistiez les actes coupables, s'habitue à mépriser la loi et non-seulement son sens moral, mais celui des gens qui l'entourent, s'étiole et se pervertit ; on marche vite sur le chemin de la licence, et, d'ailleurs, je le répète, dans une démocratie la loi doit protection absolue aux intérêts de tous et de chacun ; quiconque porte à ces intérêts une atteinte, même légère, doit être sûrement et promptement puni. Il n'y a devant la loi ni puissants ni misérables, ni riches ni pauvres, ni habiles ni maladroits. Quiconque ne prête pas main-forte à l'autorité, ne dénonce pas un coupable, est coupable lui-même et doit être traité comme tel puisque, sciemment, il permet qu'un préjudice soit causé à un membre de la communauté.

De ce qui précède, il résulte que la loi laïque doit réprimer sans s'inquiéter de réhabiliter; elle doit aussi prendre tous les moyens possibles pour que la répression coûte le moins cher possible à la communauté, ce qui revient à dire que le coupable doit restituer en argent ou en travail les sommes que l'Etat dépense pour la répression. Le malfaiteur qui a mis la communauté dans la nécessité de le priver de sa liberté, ne peut prétendre à un entretien gratuit pendant sa détention, il faut qu'il gagne sa vie et, pour cela, qu'il accomplisse une somme de travail correspondant aux frais de son existence. Ce travail doit être mesuré à la tâche et non à la journée, de telle sorte que le détenu ne reçoive en vêtements, nourriture, etc., que ce qu'il a gagné. Un grand nombre de malfaiteurs préfèrent l'oisiveté de la prison au travail libre, c'est une insulte que la société ne saurait supporter. Le condamné qui refuse de gagner sa vie en travaillant est doublement coupable ; l'Etat ne saurait admettre que l'on se joue de lui et que l'on raille ses verdicts, il mettra donc le détenu dans la nécessité de travailler en ne lui accordant les moyens d'existence qu'au prix d'un labeur déterminé.

Travail des détenus.

Mais, si je suis partisan d'une répression sévère pour les récidivistes, je comprends la clémence vis-à-vis des citoyens coupables d'une première infraction à la loi. Il faut accepter la nature humaine avec ses faiblesses et ses imperfections. Autant il serait dangereux de laisser volontairement un délit ou un crime impuni, autant il serait injuste de frapper sans pitié un coupable qui peut n'être qu'un égaré. La loi laissera donc au juge la liberté d'appréciation et lui permettra d'adoucir ses rigueurs selon les circonstances de l'acte répréhensible ; mais cette faculté d'atténuation de la peine ne s'applique jamais au récidiviste dans lequel la société ne doit voir qu'un ennemi.

L'Etat créancier du détenu.

Non-seulement l'Etat doit se placer en face du coupable comme un justicier mais aussi comme un créancier. Tout citoyen, en effet, doit collaborer à l'œuvre commune, apporter son contingent d'activité et de travail en échange duquel il bénéficie des avantages de la vie sociale ; s'il se soustrait à cette obligation, il devient une non-valeur et il doit compte à l'Etat des avantages dont il a joui pendant sa liberté et des frais occasionnés par sa détention. Il est donc juste d'exiger de lui un labeur proportionnel au préjudice causé à la communauté.

La réforme du système pénitentiaire est la conséquence naturelle de cette proposition. Le détenu coûte aujourd'hui très-cher à l'Etat et ne lui rapporte rien ; il serait pourtant facile de récupérer une partie des dépenses qui, de ce fait, grèvent le budget du département de l'intérieur.

Voici, en quelques lignes, le sommaire d'un système pénitentiaire qui convertirait en éléments de production les non-valeurs actuelles des prisons :

Les condamnés à moins d'un an de prison seraient employés aux travaux publics reconnus utiles mais d'une exécution difficile à cause de la cherté de la main-d'œuvre, tels que chemins de fer d'i   êt local, canaux, percements de routes, défrichements de landes, etc., etc , des escouades composées de détenus condamnés à moins de six mois pourraient même être louées aux communes et aux particuliers.

Les détenus seraient divisés en quatre catégories selon l'âge, la force et les aptitudes physiques. A chacune de ces catégories correspondrait un quantum de labeur quotidien en échange duquel l'Etat donnerait nourriture, vêtements et logement salubre. L'excédant de travail produit constituerait une masse qui serait remise au détenu à l'époque de sa libération, époque qui pourrait être avancée par les notes de semaine, un certain nombre de points correspondant à un certain nombre de jours de liberté anticipée.

Le détenu qui ne produirait pas le minimum de travail indiqué serait privé d'une ration proportionnelle ; sa détention, en outre, serait prolongée jusqu'à ce qu'il ait accompli la tâche commandée.

Les détenus porteraient un costume tellement reconnaissable que toute tentative d'évasion serait immédiatement réprimée ; chaque tentative doublerait la durée de la détention.

Les condamnés de un à trois ans seraient employés aux mêmes travaux en Algérie. Ceux de trois à cinq ans seraient expédiés au Sénégal et dans nos colonies lointaines où ils défricheraient les terrains insalubres. Les grands coupables, enfin, seraient à jamais bannis du territoire français et abandonnés sur les confins de notre colonisation par petits groupes pourvus d'instruments de culture et de provisions suffisantes pour trois mois de vie. La société à laquelle ils ont déclaré la guerre se venge en les lançant comme enfants perdus de la civilisation à travers les contrées inexplorées Que deviendront-ils ? Peu importe ! Nul n'ira demander au désert ses secrets. Parmi les criminels il est des natures puissantes trop à l'étroit dans la vie civilisée, que le péril exalte et qui peuvent sortir victorieuses de cette lutte terrible contre l'immensité sauvage. A ces aventuriers flétris par le crime la société ne doit rien, mais, si leur âme est fière, ils reconnaîtront la justice de l'expiation ; dans les solitudes maudites ils garderont le souvenir de la patrie, et peut-être l'un d'eux apportera-t-il un jour une conquête ou une découverte précieuse à cette société qui l'a chassé.

Les détenus de 15 à 25 ans dont la conduite sur les chantiers ne serait pas parfaite seraient dirigés sur des compagnies disciplinaires spécialement organisées ; ces compagnies remplaceraient l'infanterie de marine dans les garnisons insalubres des colonies. Le soldat de ce corps recevrait une solde égale à celle de la troupe sur laquelle il devrait économiser une somme fixée pour le rapatriement. Le libéré aurait le choix ou de rentrer en France en payant ce droit de péage, ou de rester dans la colonie.

Compagnies
disciplinaires.

J'estime que la discipline sévère des compagnies, le dépaysement, la perspective d'une carrière honorable (le soldat pouvant aspirer aux grades de ces régiments) ramèneraient au bien une quantité considérable de jeunes gens qui seraient infailliblement perdus avec le système pénitentiaire actuel. En exigeant du soldat-détenu un prix de rapatriement, l'Etat le force à s'imposer des privations et, par conséquent, à apprendre à se commander à lui-même. Si les mauvais instincts l'emportent, le libéré, se trouvant dans l'impossibilité de regagner la mère-patrie, reste dans un pays neuf, sous la juridiction d'une police spéciale, conditions dans lesquelles il peut encore être utile et ne peut presque plus nuire.

Il importe avant tout, en effet, de nettoyer les villes de ce ramassis de gens sans aveu sans moyens d'existence, vivant du crime et de la prostitution et dont le contact est des plus pernicieux pour les honnêtes familles d'ouvriers avec lesquelles les nécessités de l'existence les forcent de vivre. L'État démocratique doit au faible sa protection, le travailleur a donc le droit d'exiger que l'on déblaye de ces foyers de corruption morale les environs de son chantier et de son logis.

La société repose sur la morale, la morale sur la famille, la famille sur la femme. L'influence de la femme est si grande sur

De la femme.

la destinée de l'homme que l'Etat ne saurait entourer de trop de protection et de respect ces précieuses auxiliaires qui préparent le fonctionnement régulier de l'organisme social en développant, par la chaleur de leur tendresse, les germes heureux dans le cœur de l'enfant, et en lui infusant, pour ainsi dire, les principes de la morale éternelle, seule base solide pour les assises sociales. Cette influence, si favorable lorsqu'elle est exercée par une femme vertueuse, devient si funeste lorsque la mère est dépravée, que l'Etat doit alors tenter les plus grands efforts pour lui soustraire l'enfant. Or, comme l'Etat ne peut pas se substituer à la mère dans la plupart des cas, il faut qu'il applique toute sa sollicitude et son énergie à la moralisation de la femme, et s'il ne réussit pas, si certaines femmes, rebelles à la vertu, s'insurgent elles aussi contre les lois de la morale officielle, la société doit les mettre dans l'impossibilité d'exercer les graves fonctions d'éducatrices de l'enfance. L'Etat laïque se gardera surtout d'une sensibilité malsaine pour la femme coupable ; plus l'influence de la femme est grande, plus il ne doit lui être permis de l'exercer que si elle en est digne.

Les idées modernes tendent à soustraire la femme au frein religieux; l'entreprise est difficile. Réussira-t-elle ? je l'ignore ; dans tous les cas il importe de remplacer au plus tôt cette digue par une autre. La morale religieuse est faite de promesses et de menaces ; l'imagination de la femme est sans cesse dominée par ces deux pensées : le Ciel et l'Enfer, le Ciel, c'est-à-dire toutes les joies, toutes les délices, toutes les extases; l'Enfer, c'est-à-dire les châtiments les plus horribles atteignant non-seulement l'âme mais le corps du damné. Ces impressions mystiques conviennent admirablement au tempérament nerveux de la femme que le sentiment seul du devoir ne suffirait pas à dominer. La sensibilité naturelle la poussera souvent jusqu'au sublime, mais elle a besoin d'espérance et de crainte, de la promesse d'une récompense pour ses vertus, d'un châtiment pour ses fautes ; récompense et châtiment que la loi doit distribuer dès cette vie puisqu'elle ne dispose pas de l'autre.

Si donc l'Etat traite avec une légitime sévérité la femme coupable dont l'influence est néfaste, il prendra tous les moyens pour protéger, défendre, secourir l'enfant, la jeune fille, la citoyenne vertueuse ; cette protection ne sera efficace et puissante que si elle est armée d'énergiques moyens de répression pour tous les attentats dirigés contre ces êtres que la société a un si haut intérêt à préserver.

L'État protégera l'enfant en édictant des peines sévères contre les attentats à la pudeur, en rendant les parents responsables de l'inconduite de leurs enfants, en prenant à sa charge les enfants abandonnées, orphelines, ou issues de parents reconnus indignes ou incapables.

Dans la plupart des ménages pauvres le défaut de surveillance de l'enfant n'est pas seulement nécessité, mais bien souvent paresse et négligence.

L'asile et l'école surveillent gratuitement l'enfant pendant les heures laborieuses, le père et la mère ne peuvent donc arguer de leur travail pour excuser leur négligence s'ils laissent vagabonder leur fille. Le jour où il sera bien entendu que les parents d'un enfant trouvé en état de vagabondage seront punis d'une amende et même d'une peine correctionnelle, les parents trouveront bien le moyen d'exercer une surveillance en dehors des heures de l'école.

La responsabilité des maîtres et des maîtresses d'apprentissage ne saurait être trop aggravée. Ces industriels exploitent le travail de l'enfant sans se soucier de sa moralité que souvent ils attaquent les premiers. Il y a là un danger terrible. La période d'apprentissage correspond chez les filles à l'âge de la puberté ; les sensations, des désirs, les instincts s'éveillent avec la première aurore de la beauté ; c'est l'instant critique de la vie des filles du peuple que la saine autorité de l'école ne protége plus, que l'amour ne défend pas encore et qui sont livrées à des maîtres qui, du consentement même des parents, disposent d'elles complétement. Dans ce milieu funeste, dans l'atmosphère lascive de l'atelier, dans cette promiscuité corruptrice, la jeune fille perd promptement l'innocence de son âme et souvent celle de son corps ; elle sort de ces repaires flétrie, railleuse, ayant souillé de la boue du vice sa jeunesse à peine éclose, découragée, prête à tous les métiers et fatalement vouée à la prostitution si l'amour

Surveillance
des apprenties.

ne vient relever sa pauvre âme meurtrie. Pour diminuer le nombre de plus en plus effrayant des filles vivant de prostitution avant d'avoir même atteint l'âge de 15 ou 16 ans, pour augmenter la proportion des mariages ouvriers sans lesquels la société ne peut exister, la loi doit exercer sur les maisons d'apprentissage le contrôle le plus sévère, en interdisant absolument le droit d'avoir des apprenties aux personnes non munies d'un diplôme spécial qui ne serait accordé qu'à bon escient, et que le Tribunal aurait toujours le droit de retirer. Des écoles d'apprentissage seraient, en outre, créées par l'Etat qui ferait surveiller néanmoins les maisons libres par des commissaires spéciaux.

C'est une grosse dépense, dira-t-on. — C'est de l'argent bien placé, répondrai-je. Un gouvernement retrouve toujours au décuple des sommes avancées pour l'instruction et la moralisation du peuple. N'oublions pas non plus que, jusqu'ici, l'Etat a trouvé une aide puissante dans la religion dont il repousse aujourd'hui le concours.

La femme n'est pas vicieuse par nature, elle le devient par faiblesse ; cette faiblesse se réfugiait autrefois dans la morale et les pratiques religieuses ; on supprime cette protection, il lui faut un équivalent qui ne peut se procurer qu'à prix d'argent.

L'économie est, du reste, évidente. Il est hors de doute qu'une jeune fille honnête, instruite et possédant un état trouvera toujours à se marier ; une honnête femme réussit presque sûrement à moraliser son mari, à rendre son intérieur agréable et à bien élever ses enfants qui ont de grandes chances pour devenir de bons citoyens utiles à la société. Une fille dépravée, au contraire, corrompt tout ce qu'elle approche ; mariée, elle pervertit son mari ; mère, elle abandonne ses enfants ou les élève en ennemis de l'ordre social ; non-seulement donc elle ne rapporte rien à l'Etat, mais elle l'appauvrit en le chargeant de non-valeurs inutiles ou onéreuses. La loi a donc raison de la traiter avec une grande rigueur, car la loi n'est autre chose que la représentation des intérêts matériels et moraux de la collectivité sociale.

Combattre la contagion de l'immoralité chez les filles est chose très-facile si l'on veut vraiment atteindre le but. Il suffit pour cela : 1° d'exiger que chaque fille au-dessous de 20 ans vivant loin de ses parents justifie de moyens d'existence, faute de quoi elle est immédiatement renvoyée d'office à son lieu de naissance ; 2° interdire d'une façon absolue aux filles âgées de moins de 20 ans l'entrée des bals, cafés, cabarets et autres lieux de débauche populaire ; 3° assainir les rues en supprimant la prostitution libre et en augmentant le nombre des maisons de tolérance dont aucune femme ne pourrait faire partie avant 25 ans révolus ; 4° expatrier sans pitié toute fille convaincue de récidive dans la débauche ou dans le vol. Ces filles dont le retour au bien est impossible dans leur patrie seraient expédiées aux Colonies pour être unies aux condamnés ; 5° retirer à leurs mères tous les enfants naturels non reconnus ; 6° punir de la prison perpétuelle et de la confiscation de tous leurs biens les femmes convaincues de proxénétisme.

Cette législation très-rigoureuse en apparence produirait de merveilleux résultats. Les honnêtes femmes en recueilleraient de suite le bénéfice, et les filles prêtes à céder à leurs mauvais instincts reculeraient devant la crainte de la peine. De cette façon seulement l'Etat peut essayer de remplacer le frein religieux, et il ne peut pas se désintéresser de cette question, car ce serait folie de vouloir créer une société durable si l'on ne commence par supprimer les germes de pestilence et de désorganisation.

J'en aurai fini avec ce triste sujet, lorsque j'aurai parlé des asiles où l'Etat recueillera pour en faire des soldats ou de braves ouvrières, les enfants des condamnées et des déportés. L'enfant, en effet, ne saurait être rendu responsable des fautes de ses parents ; en même temps que la loi frappe sans pitié les coupables au nom de l'intérêt général, elle doit étendre une main tutélaire sur les petits êtres dont elle punit les auteurs et que la Société adopte, les considérant au point de vue moral, comme des orphelins.

MUTUALITÉ.

Lorsque, aux applaudissements de la foule, des troupes nombreuses diverses d'aspect, d'armement et d'allure exécutent de brillantes manœuvres, on peut être certain que l'officier qui les commande a donné tous ses soins à l'instruction des soldats, au choix et au nettoyage du champ. Ainsi doit agir l'Etat dont la mission consiste à faire manœuvrer, sur le terrain difficile de la communauté, des catégories nombreuses de citoyens très-différentes d'instincts, d'appétits, de besoins.

Nous avons indiqué dans les précédents chapitres les moyens que l'Etat employera pour distribuer à tous les citoyens la dose nécessaire d'instruction et pour débarrasser le terrain social des obstacles qui pourraient gêner la marche régulière des institutions ; nous avons dit que la sollicitude du législateur doit surtout s'appliquer à répandre l'instruction dans toutes les couches de la nation, et que toute dépense faite dans ce but est une dépense utile ; nous avons dit aussi que la société laïque ne doit jamais hésiter à sacrifier l'intérêt privé à l'intérêt général, surtout lorsque l'intérêt général se trouve en contradiction avec celui d'hommes qui, volontairement, déclarent la guerre aux institutions sans le respect absolu desquelles l'état de communauté est impossible. Nous avons démontré que la loi, protectrice des citoyens, doit accorder toutes les libertés possibles et garantir l'indépendance de chacun, qu'elle doit être armée d'une façon assez redoutable pour que sa protection soit efficace, que son rôle, par conséquent, n'est point de réhabiliter mais de punir en cherchant à rendre la répression la plus utile et la moins onéreuse possible.

Nous voici en présence d'une société composée de citoyens instruits et obéissant aux lois. Ils accomplissent les devoirs que l'Etat leur impose, ils ont le droit d'exiger de lui protection et sécurité. Un Etat bien organisé ne saurait invoquer le cas de force majeure pour excuser le paupérisme. Le droit de vivre en travaillant est le premier inscrit dans le code démocratique. Tant que l'Etat fonctionne régulièrement, il doit du travail aux hommes valides, des soins et des aliments aux malades et aux vieillards. Les sociétés monarchiques délèguent cette dernière mission à la religion et à ses ministres ; l'influence religieuse fait partie de leur système de gouvernement, il est juste qu'elle ait sa part des charges ; mais la société démocratique, prétendant gérer ses affaires en dehors de toute ingérence religieuse, ne peut se soustraire à l'obligation de combattre le paupérisme. Parmi tous les moyens humains proposés par les philanthropes, les philosophes et les économistes un seul me paraît fécond : *la Mutualité* dont le principe est essentiellement démocratique.

Les admirables résultats obtenus de tous côtés, par les Sociétés de secours mutuels et les assurances sur la vie, sont l'éclatante constatation de l'excellence de l'idée de mutualité. Devant une expérience aussi nette, aussi probante, il serait puéril de chercher, contre la lèpre du paupérisme, un remède autre que celui dont l'efficacité est chaque jour prouvée par des faits innombrables. Du moment où vous séparez impitoyablement de la communauté les membres qui pourraient propager la gangrène, le principe de la mutualité, appliqué à des citoyens laborieux et respectueux des lois, diminuera forcément, dans une proportion énorme, le contingent du paupérisme si le législateur fait de ce principe un des principaux organes du gouvernement, parallèlement avec la diffusion de l'instruction ; et cela sera vrai surtout pour la nation française qui compte parmi ses vertus nationales l'ardeur au travail et l'instinct de l'épargne. De la théorie à la pratique, la distance ici n'est pas longue ; il s'agit simplement de généraliser, en les appliquant à la nation, les procédés qui réussissent si merveilleusement dans les Sociétés privées.

Je ne ferai point ici l'historique des Sociétés de secours mutuels, tout le monde connaît leurs statuts et leur mode de fonctionnement ; j'aborderai de suite l'étude des moyens qui me paraissent les plus favorables pour élever l'admirable idée de la mutualité à la hauteur d'une institution nationale.

Comme il est bien entendu que l'Etat ne doit faire appel ni à la charité ni à la philanthropie et qu'il doit trouver en lui-même les ressources et la force nécessaires pou · sa mission, il n'hésitera pas à employer le meilleur de tous les moyens : l'*impôt* remplaçant la cotisation volontairement versée par les membres des Sociétés libres de secours mutuels. Il importe, en effet, que la participation aux bénéfices de la *mutualité* soit forcée et non facultative ; s'il en était autrement, l'action gouvernementale se réduirait à une sorte de patronage absolument stérile. L'impôt régulièrement voté assure un revenu sur lequel l'Etat peut compter d'une façon certaine et dont il dispose au mieux des intérêts des contribuables, sous le contrôle des Chambres et de l'opinion publique.

L'impôt de la *mutualité* étant immédiatement profitable à tous et à chacun, sera, mieux que tout autre, accueilli par l'immense majorité des citoyens, car ses bienfaits sont tangibles. On pourrait l'établir ainsi :

Citoyen ou citoyenne à partir de 7 ans, par semaine.. » f. 10

Célibataire de l'un ou l'autre sexe, à partir de 25 ans, par semaine...................................... » 20

Homme ou femme mariée ayant plus de 2 enfants, par semaine...................................... » 05

Le recouvrement de l'impôt est exigible par semaine ; il est perçu par des agents spéciaux dans les villes, par les facteurs de la poste dans les campagnes. La quittance se donne au moyen d'un timbre apposé par l'agent sur la case correspondante à la semaine payée, dans un livret spécial délivré par l'Etat et qui doit être présenté à toute réquisition. Ce livret est déposé dans chaque usine entre les mains du patron qui retient sur la paye le montant des cotisations. Tout ouvrier admis dans un chantier est tenu de présenter son livret mis à jour ; si un nombre quelconque de cotisations n'ont pas été payées, le patron les retiendra sur la première paye ; le patron est responsable vis-à-vis de l'Etat des cotisations dues par ses ouvriers.

Tout citoyen a le droit de payer sa cotisation en travail ; la journée de prestation étant comptée pour 1 fr. 75 que la commune verse à l'Etat.

Le livret mentionne l'état-civil. Le citoyen marié est responsable des cotisations de sa femme et de ses enfants jusqu'à l'âge de 15 ans.

Cette cotisation hebdomadaire grève d'une façon à peine sensible le budget du plus pauvre ménage. L'ouvrier comprendra vite que ce prélèvement sur son salaire n'est, en réalité, qu'une épargne et non un impôt. L'Etat ne fait que lui imposer une mesure de prévoyance qu'il négligerait souvent de prendre lui-même et qui, moyennant une prime minime, le met à l'abri des terribles éventualités de la maladie, de la misère et de l'abandon qui menace sa vieillesse.

Examinons maintenant les ressources mises par cet impôt à la disposition de l'Etat et prenons un chiffre quelconque de population : 30 millions par exemple.

La cotisation n'étant exigible qu'à l'âge de 7 ans, le chiffre de la population payante se réduit donc à 30,000,000 — 7,000,000, soit : 23,000,000, qui à 0 fr. 10 par semaine produisent par an 119,600,000 fr. sur lesquels il convient de prélever 5,600,000 pour frais de collection et non-valeurs, soit net : 114,000,000.

Sur les 30,000,000 de citoyens ayant droit au bénéfice de la mutualité, la moitié au moins n'usera jamais de ce droit ; ce sont :

1° Les gens aisés qui, par amour-propre, dignité ou ennuis des formalités renonceront volontairement aux bénéfices de la mutualité ;

2° Les citoyens morts après une maladie de moins de 8 jours ;

3° Les expatriés.

Restent donc 15,000,000 sur lesquels un quart au moins réclamera la gratuité des soins et des médicaments sans prétendre à l'indemnité d'incapacité de travail.

15,000,000 — 3,750,000 = 11,250,000 représentant la population pauvre. Sur cette population, admettons une moyenne de malades, infirmes, vieillards, s'élevant à 3 °/₀ ; l'Etat aura donc à soigner et à indemniser par jour, environ 337,500 individus. Soit par an :

$$337{,}500 \times 365 = 120{,}187{,}500$$

Le produit de l'impôt étant de 114,000,000 f. et le nombre annuel des secours étant de 120,187,500, la quotité attribuée par jour à chacun des assistés sera de :

$$\frac{111.000.000}{102.187.500} = 0 \text{ fr. } 95 \text{ c,}$$

TABLEAU RÉCAPITULATIF.

Nombre de Citoyens composant la nation :
30,000,000.

Citoyens payant la cotisation...	23.000.000	Enfants âgés de moins de 7 ans ne payant pas de cotisation..	7.000.000
Citoyens ne réclamant aucun des bénéfices de la mutualité....	15.000.000	Citoyens réclamant le bénéfice complet de la mutualité.....	11.250.000
Citoyens ne réclamant pas les secours en argent............	3.750.000		

Actif.		**Passif.**	
Produit net de la cotisation à 5 fr. 20 par an et par tête, défalcation faite de la perception et des non-valeurs......	114.000.000	3 °/₀ sur 11,250,000 citoyens réclamant le bénéfice complet de la mutualité par jour...	337.500 indiv.
		par an................. 120.187.500	—
		Soit par jour et par individu	» fr. 95

Les 114,000,000 produits par l'impôt de la mutualité suffiraient donc, à la rigueur, pour payer aux nécessiteux une indemnité convenable pendant les jours d'incapacité de travail ; mais ils ne pourraient couvrir les dépenses que nécessiteront l'organisation des médecins cantonaux, la distribution gratuite des médicaments et l'installation des hospices spéciaux aux infirmes et aux

invalides du travail (institutions 'dont nous parlerons plus loin).
L'Etat devra donc affecter à ces divers services le produit d'autres
taxes : celui, par exemple, des impôts sur les chevaux, les chiens,
les billards, les pianos, les cercles, les cartes à jouer, les permis
de chasse, les armes, etc., etc., impôts somptuaires auxquels
pourrait s'ajouter une augmentation d'un dixième sur les pa-
tentes des marchands de vins, d'entrepreneurs de bals publics,
de jeux forains, de hasard, etc., etc.

En pourchassant vigoureusement le paupérisme même au prix
de sacrifices considérables, l'Etat dégrève considérablement le
budget de la répression et assure au corps social l'élasticité indispensable au libre fonctionnement de ses organes.

Le principe de la *Mutualité obligatoire* étant adopté, voici
comment on pourrait l'appliquer :

Classification.

Dans chaque commmne les citoyens sont divisés en autant de
groupes que la commune compte de conseillers municipaux.

Un conseiller municipal est placé à la tête de chaque groupe.
Il est assisté dans les centres populeux par un agent spécial. Il
tient un registre contenant les noms, demeure, profession de
tous les citoyens composant son groupe. Dès qu'un individu
tombe malade, le conseiller municipal, prévenu, avise le médecin cantonal qui lui adresse, le plus tôt possible, un rapport très-
succinct indiquant la nature de la maladie, sa gravité et les
besoins les plus urgents du malade. Le conseiller municipal se
rend chez le malade, s'assure par lui-même si les soins médicaux
sont bien donnés et reçoit du malade ou de ses proches la demande d'indemnité d'incapacité de travail. Cette indemnité ne
peut être réclamée qu'après 8 jours de maladie ; elle n'est pas
payée aux enfants au-dessous de 15 ans qui bénéficient seulement
des secours médicaux.

Dès que le médecin estime que le malade convalescent ou guéri
peut reprendre tout ou partie de son travail, il avise le conseiller municipal qui, après une seconde visite, réduit ou supprime
l'indemnité.

(Tous ces rapports de médecin à conseiller sont rédigés sur des formules imprimées dont les blancs seuls sont à remplir.)

Du Médecin cantonal.

Il y a un médecin officiel par chaque canton rural, et, dans les centres populeux, par chaque fraction de 3,000 individus.

Le médecin rural touche un traitement fixe de 2,000 fr. Le médecin urbain touche un traitement de 1,500 fr.

Le médecin rural a (pour ce qui concerne le service des secours) autorité sur l'instituteur qui, ainsi qu'il a été expliqué, a passé sa dernière année de présence sous les drapeaux dans le service des hôpitaux.

Le médecin cantonal est prévenu directement de tous les cas de maladie survenant dans la commune où il réside. Les malades appartenant aux communes du canton s'adressent d'abord à l'instituteur qui, immédiatement après une première visite, prévient le conseiller et le médecin.

Le médecin doit se rendre auprès du malade dans un délai maximum de 48 heures. Le médecin reçoit les médicaments du dépôt central établi au chef-lieu et les distribue aux instituteurs qui doivent être toujours pourvus des médicaments usuels et des drogues et appareils utiles en cas d'accident. Le médecin est tenu de visiter, au moins une fois par semaine, tous les malades de son canton.

Chaque mois, l'instituteur, assisté de deux dames désignées par le Conseil municipal, visitera les enfants à la mamelle. Les enfants malingres seront désignés au médecin cantonal qui les fera transporter dans une nourricerie départementable établie dans un lieu salubre, abondamment pourvue de nourrices animales et dirigée par un médecin et des élèves sages-femmes.

Sur le rapport des dames déléguées, des primes seront accordées par les conseils municipaux aux mères les plus méritantes.

Infirmes et Vieillards.

Des établissements spéciaux recueilleront les infirmes. Ces

établissements seront organisés de telle sorte que la place n'y manque jamais, quelque soit le nombre des inscrits.

L'incapacité de travail étant officiellement constatée, l'Etat doit prendre à sa charge l'incapable ; c'est une des conditions rigoureuses du contrat de mutualité ; mais il n'oubliera pas que le travail est la grande loi de l'humanité, et il s'efforcera d'utiliser tous ces débris de forces. Le fabuliste avait la conception de cette touchante mutualité des misérables quand il écrivait son beau conte : l'*Aveugle et le Paralytique*.

Les invalides du travail, comme les invalides de l'armée, ont droit à la protection de l'Etat. Le citoyen dont la vie s'est écoulée honnête et laborieuse, a été aussi utile à son pays que le soldat qui veillait aux frontières. A vrai dire, c'est le même homme, car le bon citoyen fera toujours un bon soldat. L'outil est une arme de patriote. Lorsqu'il s'échappe d'une main vaillante affaiblie par un long labeur, l'Etat doit à l'ouvrier invalide le repos qu'il a bien gagné.

Le respect des vieillards prouve la sève d'une nation. Les jeunes hommes robustes et courageux vénèrent toujours les anciens qui ont travaillé et combattu avant eux. Il n'y a qu'un gouvernement de politiciens, c'est-à-dire un gouvernement démoralisateur et éphémère qui, tout entier aux préoccupations de son existence quotidienne, néglige l'enfant et le vieillard. Une démocratie digne de ce nom applique, au contraire, toute sa sollicitude à ces deux termes de la vie ; elle soude ainsi les anneaux des générations, impose à ses voisins l'estime et le respect, et inspire aux citoyens le véritable amour de la patrie, celui qui fait les héros.

On veillera surtout à ce que la protection accordée par l'Etat aux vieillards n'encourage pas indirectement l'égoïsme des enfants.

Le vieillard isolé ou dont les enfants sont notoirement malheureux ou chargés de famille sera admis gratuitement à l'asile, sitôt l'incapacité de travail officiellement constatée ; mais on exigera une pension alimentaire pour tout vieillard dont les enfants seront reconnus capables de payer cette pension ; le taux sera établi par le tribunal et le recouvrement poursuivi par l'Etat. De cette façon, le vieillard peut se mettre à l'abri des mauvais traitements dont le menacerait l'avarice de ses enfants et ceux-ci se verront contraints de remplir vis-à-vis de leur ascendant le devoir filial que la loi imposera à défaut des sentiments de la nature.

L'asile des vieillards sera, dans chaque département, situé à la campagne, dans un site salubre et gai, assez loin de la ville pour que les pensionnaires ne puissent s'y rendre et y contracter des habitudes d'ivrognerie. Les vieillards seront astreints, selon leurs forces, à de petits travaux champêtres. Ceux qui possèderaient un petit revenu le verseront à la trésorerie de l'établissement; deux tiers de ce revenu leur seront remis par à-comptes mensuels; l'autre tiers alimentera une bourse commune destinée à procurer quelques petites douceurs aux vieillards indigents.

ORGANISATION DU TRAVAIL

Le terrain est déblayé. Nous nous sommes occupés jusqu'ici de l'enfant, de l'infirme, du vieillard, du criminel, c'est-à-dire de tous les êtres qui, à un titre quelconque, sont inscrits au passif de la nation.

L'Etat, avons-nous dit, ne reculera devant aucune dépense pour la diffusion de l'instruction : il placera la jeunesse dans un cadre d'instituteurs instruits, honorés et indépendants ; il recueillera les infirmes, quelqu'en soit le nombre ; il entourera la vieillesse de respect et de soins ; il frappera sans pitié les criminels et empêchera autant que possible la propagation des races vicieuses en poursuivant la prostitution et en enlevant aux mères indignes le soin de leurs enfants ; il obligera, enfin, tous les citoyens à s'assurer contre les chances de maladie en établissant l'impôt de mutualité qui permettra d'organiser le service médical et pharmaceutique, et de distribuer des secours en argent pendant la période d'incapacité de travail.

Cherchons maintenant le moyen d'utiliser les forces vives de la nation de façon à leur faire produire leur maximum de rendement.

Je parlerai spécialement de l'industrie agricole, parce qu'elle occupe le plus grand nombre d'ouvriers, parce qu'elle est la plus utile et la plus délaissée, parce qu'enfin les questions relatives au travail dans les manufactures touchent de trop près à d'autres questions brûlantes pour que j'ose les aborder dans cette courte brochure.La question sociale, en effet, est intimement liée à la question ouvrière.

De nombreux économistes rêvent la suppression du patronat que remplacerait la collectivité ouvrière. Je considère cette théorie dangereuse comme la pire des utopies. Partisan du travail aux pièces qui permet à l'ouvrier laborieux et intelligent de sortir promptement du prolétariat, je repousse comme absolument impraticable l'idée de l'association ouvrière de production, théorie en opposition directe avec la nature humaine.

Les institutions sont perfectibles, l'homme ne l'est pas; sa nature morale, comme sa nature physique obéit à des lois que la philosophie n'a point faites, dont les origines et les causes échappent aux penseurs les plus profonds et que personne ne peut prétendre modifier. Tous les systèmes qui exigent l'égalité des caractères, des aptitudes, des tempéraments, sont généreux peut-être mais à coup sûr puérils. On doit chercher à répartir le plus équitablement possible le bénéfice entre le capital et la main-d'œuvre, à trouver un *modus vivendi* pour concilier l'intérêt du patron et celui de l'ouvrier, mais il ne faut pas songer à supprimer le chef responsable.

Sociétés ouvrières

Toutes les tentatives de Sociétés ouvrières de production ont échoué dans le chaos.

Au contraire, les sociétés de consommation ne sauraient être trop multipliées. Leur but, en effet, est de répartir les frais généraux sur un très-grand nombre, et de supprimer les intermédiaires inutiles. Chacun n'ayant recours à l'association qu'au prorata de ses besoins et de ses ressources, l'échelle de répartition se trouve naturellement établie; tout le monde bénéficie des avantages de l'association, personne n'est lésé dans son intérêt ni froissé dans son indépendance, le succès est donc assuré. La plupart des grandes entreprises anonymes ne sont en réalité que des Sociétés de consommation.

C'est ce principe d'association que je souhaite de voir adopter par l'industrie agricole. Sans lui, l'agriculture française ne peut vivre. Les conditions économiques dans lesquelles la marche en avant de la civilisation l'a placée, l'obligent à une transformation radicale, transformation à laquelle la nation est très-vivement intéressée car la prospérité d'un peuple est proportionnelle à la prospérité de son agriculture. Les autres industries ne donnent à la nation qu'une prospérité factice si l'industrie agricole souffre.

Un pays tributaire de l'étranger pour les principaux produits de la terre est à la merci d'un événement politique ou militaire ; si brillante même que paraisse sa situation industrielle, il porte en lui le germe d'une désorganisation certaine ; tôt ou tard le paupé_risme le perdra. Une nation agricole, au contraire, peut supporter de terribles crises politiques.

Le fléau des révolutions, l'envahissement par l'étranger n'atteindront pas les organes essentiels de sa vie. A côté de l'usine ravagée par le pillage et l'incendie, le champ conserve son admirable fécondité, le grain germe entre les roues des canons. Du reste, même dans les conditions normales, la population industrielle entre pour une si petite part dans le chiffre total de la population nationale que ce n'est pas sur elle que doit se porter spécialement l'attention dans une étude qui a pour but la recherche du bien-être pour le plus grand nombre. A la vérité, la population industrielle, agglomérée dans les villes et les usines, semble, au premier abord, constituer une sorte de majorité dans la nation. On la croit plus intelligente que la population agricole alors qu'elle n'est que plus bruyante, plus accessible aux entraînements, et cela, parce qu'elle est essentiellement prolétaire, vivant de salaire et ne possédant pas. L'ouvrier des champs est rarement un prolétaire dans la sinistre acception du mot ; la chaumière n'a presque jamais l'horrible nudité de la mansarde ; le paysan a un chez lui, une femme, des enfants, des meubles à lui ; sans cesse courbé vers la terre qui n'admet pas de chômage, il reste volontiers étranger aux querelles qui passionnent le prolétaire de la ville ; il échappe aux influences ambitieuses, aussi n'inspire-t-il aux politiciens qu'une pitié dédaigneuse ; on le dit stupide parce qu'il ne sait pas construire une barricade. Que, pourtant, cet être si humble fasse grève un seul jour, toute la machine sociale s'arrête subitement comme une horloge dont le grand ressort vient de se casser.

Autour du paysan gravitent les questions les plus hautes de l'économie sociale.

C'est lui qui détient la fraction la plus importante de la fortune publique, car la richesse réelle d'une nation se calcule d'après la valeur de son sol. Le paupérisme est une ronce qui se détruit avec la charrue.

Lorsque l'on considère la misère des villes et l'état d'abandon où se trouve une grande partie du territoire, on éprouve un sentiment bizarre fait de tristesse et d'espoir. Si grave que soit le mal, le remède n'est-il pas tout près ? L'admirable sol de la France renferme des richesses presqu'inépuisables qui sont à la disposition de l'Etat s'il veut bien appliquer sa plus sérieuse attention aux questions agricoles pour lesquelles les gouvernements professent d'ordinaire une sympathie platonique. Cette mesure si simple, la colonisation à l'intérieur, n'a jamais été tentée, et elle suffirait, pourtant, pour doubler la richesse nationale.

De la grande propriété. Il fut un temps où la grande propriété était une nécessité. La difficulté des transports, la rareté de l'argent rendaient nécessaire la concentration de la fortune terrienne entre des mains puissantes. Un contrat tacite liait le propriétaire et le tenancier ; ce contrat imposait à l'un le travail, à l'autre la protection. Sans l'appui du seigneur, le paysan n'aurait pu vivre ; le seigneur ne pouvait se passer du travail du paysan. Il n'y avait rien d'immoral dans ce pacte dicté par les circonstances politiques et sociales de l'époque. Chaque période de la vie des peuples a ses lois, ses mœurs, ses exigences ; lois, mœurs et exigences qui se modifient comme les ombres d'un paysage à mesure que le soleil monte sur l'horizon.

La grande propriété tend aujourd'hui à disparaître, on ne la rencontre plus qu'à l'état d'exception et dans les parties les plus pauvres du territoire. Cette disparition est une conséquence naturelle des transformations politiques et économiques de la nation. A mesure que les propriétés se divisaient, la culture s'améliorait, le paysan devenait agriculteur, en même temps la valeur du sol, c'est-à-dire la richesse publique, augmentait dans une proportion souvent égale à 200 ou 300 pour 100 ; la fécondité du sol se développe en raison directe de l'intelligence et de l'indépendance de celui qui le cultive ; l'humus est une mine d'or pour qui veut et sait l'exploiter. L'agriculture est devenue une science, une industrie qui tente les capitaux et qui serait peut-être aujourd'hui la plus florissante de toutes si les exigences du progrès social n'étaient pas venues contrarier son essor en renversant les barrières établies entre les peuples. Certainement l'industrie agricole souffre cruellement du libre-échange, mais il faut qu'elle se résigne à l'accepter ; car le libre-échange comme le suffrage universel sont des conquêtes qu'une société n'abandonne jamais. Sans doute, la perturbation est profonde, les blessures sont douloureuses, la génération conquérante est violemment secouée, mais lorsqu'une troupe donne l'assaut, elle ne compte pas ses morts. Il y a un point fatal où s'arrête l'humanité ; tant qu'elle ne l'a pas atteint, une force secrète la pousse en avant. Où est ce but ? Je n'en sais rien.

Avec le libre-échange, avec la dépréc' tion des cours qui en est la conséquence, l'agriculture obérée ; le taux des fermages et le prix de la main-d'œuvre doit périr ou se transformer. Dans le premier cas, le sol retournera promptement à l'état sauvage, le guéret redeviendra lande, la fortune publique dont la terre est le gage sera sérieusement compromise, le crédit national s'affaiblira, et, conséquence naturelle, le niveau moral s'abaissera, une sorte de nuit s'étendra sur la nation. Le luxe des villes, la splendeur des arts ne masqueront pas longtemps cette décrépitude ; les nations comme les hommes périssent par le cerveau. Nous n'en sommes pas là. Le libre-échange, loin d'amener la ruine de notre agriculture, lui communiquera une nouvelle sève, la forcera à secouer la routine où elle s'endormait et contribuera au développement de la richesse et du crédit national en augmentant les moyens de fertilisation du sol.

A l'accès de fièvre qui, depuis un certain nombre d'années, pousse vers les villes les populations agricoles attirées par l'appât du plaisir et du salaire quotidien, succédera une réaction salutaire de retour à la vie des champs dès que l'industrie agricole, secouant des coutumes surannées, aura radicalement transformé son économie, ses organes et son outillage. La première œuvre de transformation sera la division de la propriété. La terre ne donne son rendement normal que lorsqu'elle appartient à celui qui la cultive ; or, il est à peu près impossible à un homme de cultiver utilement et industriellement plus d'une soixantaine

d'hectares. Au delà de ce nombre la surveillance devient fort difficile et les frais généraux absorbent la meilleure part du produit.
Il est bien entendu que je parle ici d'une culture intensive et non
telle qu'elle se pratique presque partout encore aujourd'hui. J'ad-
mets la terre donnant son maximum de rendement, produisant
toujours, sans s'épuiser, grâce à la restitution constante de ses
éléments organiques, restitution que la chimie permet d'effectuer
sans erreur possible. Cette culture qui ne souffre ni les landes, ni
les jachères, ni les vaines pâtures, qui exige des soins attentifs et
assidus non-seulement pour la production des récoltes mais pour
la conservation de la fertilité du sol, ne peut être conduite que
par un propriétaire ou un fermier à bail excessivement long ;
elle réclame des capitaux relativement considérables et une direction énergique, conditions qui ne se rencontrent presque jamais
dans l'organisation de la propriété actuelle.

Les grandes fermes américaines dont les produits, malgré les
prix de transport, luttent victorieusement avec les nôtres sur nos
propres marchés, n'ont pas, en moyenne, une superficie de plus
de 60 à 70 hectares, mais elles sont aménagées de telle sorte que
les frais généraux soient réduits au strict minimum par l'emploi
intelligent de la mécanique agricole. Là est surtout le secret de
leur prospérité. Alors que chez nous les tentatives d'exploitation mécanique sont encore rares et isolées, la culture mécanique
est la loi ordinaire des fermiers américains, et, là encore,
nous rencontrons les merveilleux effets de la mutualité. Au lieu
d'acquérir individuellement et à grands frais les appareils
nécessaires à chaque exploitation, ils dirigent leur assolement
de façon que les engins les plus perfectionnés appartenant à
une Société (dont ils sont eux-mêmes actionnaires) puissent
travailler sur une grande surface. Les fermes sont dis-
posées, par exemple, pour que, à une époque déterminée, la
colossale charrue à vapeur à douze socs laboure une quantité
de 4 ou 500 hectares ; chaque propriétaire paye à la Compagnie
une somme proportionnelle au travail effectué sur son champ,
et ce travail lui revient à plus d'un tiers moins cher que s'il
l'avait fait exécuter par ses agents.

Chacun reste, d'ailleurs, libre de ne pas utiliser la machine,

Mécanique agricole.

mais personne n'use de ce droit pas plus que nous n'usons du droit d'aller à pied ou en patache lorsqu'une Compagnie met un chemin de fer à notre disposition.

Cet exemple donné, on peut aisément conclure que, pour transformer l'agriculture française et pour obtenir du sol national sa production réelle, il faut :

1° Diviser les grandes terres (les forêts exceptées) ;

2° Diminuer le nombre des fermiers et augmenter celui des propriétaires cultivant ;

3° Favoriser la création des Sociétés de culture mécanique.

Je n'ai pas besoin d'indiquer l'influence que cette transformation de notre agriculture nationale exercerait sur le paupérisme dont le développement s'accentue en raison inverse de la richesse du sol. Il n'y a vraiment pas de pauvres à la campagne ; il n'y en aura surtout pas lorsque le plus mince propriétaire bénéficiera pour son humble parcelle des instruments perfectionnés dont l'emploi lui coûtera moins cher que son propre labeur. Un ménage vit sur deux hectares ; une famille s'élève sur six hectares ; et je ne parle pas d'une existence misérable, d'une lutte à outrance contre la faim, j'entends une existence, austère et laborieuse il est vrai, mais douce et joyeuse avec la certitude du lendemain.

Mais, pour devenir propriétaire, il faut de l'argent ; de l'argent pour l'acquisition de sa terre, pour la construction de sa grange, de son foyer, pour l'achat du bétail ou des engrais, pour payer le travail des instruments appartenant à la compagnie de mécanique ; de l'argent toujours, et le paysan n'en a pas, et, s'il en trouve, c'est à un taux tellement en disproportion avec le revenu de sa terre qu'il ne peut parvenir à se libérer, et que mieux vaut pour lui la domesticité à gages fixes, que l'indépendance avec ses charges écrasantes.

C'est ici qu'interviendra le *Crédit agricole* dont l'institution correspond à une des nécessités les plus urgentes de notre époque.

Pendant longtemps, les transactions agricoles se traitaient plutôt par échange qu'à prix d'argent ; les capitaux étaient rares et le banquier inconnu. Presque toujours le fermier payait sa ferme en redevances, sorte de dîme prélevée par le propriétaire qui subissait ainsi les chances, bonnes ou mauvaises, de la récolte. Ce système a disparu avec le régime politique qui s'appuyait sur la grande propriété protégée par des tarifs. Les conditions dans lesquelles se trouve l'agriculture sont aujourd'hui bien différentes. A mesure qu'elle se perfectionne, elle emprunte les allures de l'industrie et elle en éprouve les besoins. Le système des échanges n'existe plus ; toutes les transactions se traitent en argent, et, à certaines époques, l'agriculteur comme l'industriel a besoin du crédit, car la plupart de ses opérations touchent par un point à la spéculation.

Mais les maisons de banque refusent son papier et la classe rurale laborieuse, économe, reste, avec son trafic restreint, en dehors du grand mouvement de l'argent. Quelques banques locales, dans le cercle étroit de leurs relations, font circuler du papier agricole, mais ces tentatives isolées ne peuvent exercer aucune influence sur la prospérité de l'agriculture nationale.

En thèse générale, les établissements de crédit ne veulent pas et ne peuvent pas admettre le cultivateur au bénéfice des opérations de banque. Ils consentiraient sans doute à escompter le papier des grandes entreprises agricoles présentant des garanties certaines de solvabilité, mais ils repousseront toujours celui des petits cultivateurs ; or, ce sont précisément les petits cultivateurs qui, à un moment donné, ont le plus grand besoin de crédit.

On a essayé le « prêt sur gage » auquel il a fallu promptement renoncer à cause des difficultés sans nombre, conséquence de la nature même du gage. Ce système est pourtant le seul possible, mais à la condition que l'Etat se substituera au banquier. Le prêt sur gage ne peut, en effet, être consenti que de deux façons : ou l'agriculteur consigne dans des docks spéciaux les marchandises grevées de prêt, ou le prêteur prend une sorte d'hypothèque sur les denrées laissées chez l'emprunteur.

La première opération exige des frais considérables de transport, de logement et d'entretien pour des marchandises délicates représentant une petite somme sous un gros volume. La seconde opération impose au prêteur un contrôle excessivement difficile et coûteux. Dans les deux cas, le chiffre de l'intérêt de l'argent prêté se trouve forcément majoré de frais généraux tels, qu'il vaut mieux pour le paysan s'adresser à l'usure qu'à la banque.

L'Etat ne peut songer à emmagasiner les marchandises de garantie, mais il peut, sans surcharger la besogne de ses agents ordinaires, exercer un contrôle qui lui permet de laisser le nantissement chez l'emprunteur. Voici un exemple :

Un cultivateur a besoin d'une somme de 100 fr. pour 3 mois ; il fait inscrire sa demande chez le percepteur qui la transmet aux « Droits réunis » dont les agents vérifient et plombent la marchandise offerte en nantissement qui devra toujours représenter un tiers en plus de la somme prêtée. En échange de la pièce attestant que cette formalité a été remplie, le percepteur avance les fonds sous retenue de l'intérêt à 5 °/₀. La marchandise reste pendant la durée du prêt sous la surveillance du maire et de tous les agents des Finances ; l'emprunteur convaincu d'en avoir disposé avant la levée des plombs, est poursuivi correctionnellement par le parquet. Cette opération simple rendra de grands services aux petits cultivateurs ; elle leur permettra d'attendre le moment opportun pour la vente des denrées, bestiaux, etc., etc., et elle est, en même temps, très-fructueuse pour l'Etat-banquier qui touche d'avance l'intérêt de l'argent prêté sans aucune chance de perte puisque le gage demeure. Ce système a, sur le papier ordinaire, cet immense avantage de supprimer les formalités si désastreuses du protêt. Si, à l'échéance de son billet, le cultivateur ne peut le rembourser, il paye au percepteur l'intérêt pour une nouvelle période de trois mois, et il n'aura à supporter aucun de ces frais de commission et de renouvellement qui, après deux ou trois échéances, atteignent parfois chez les banquiers le tiers ou la moitié du principal. Il est bien entendu que l'emprunteur aurait toujours la faculté de se libérer d'avance et de disposer de sa marchandise en abandonnant à l'Etat les intérêts déjà versés.

État-Banquier.

Cette mesure ne profitera pas seulement aux agriculteurs aisés, son influence se fera sentir jusque dans les couches les plus humbles, parce que l'essor d'une industrie est la conséquence de l'élasticité des capitaux qu'elle emploie.

Parallèlement à cette institution, l'Etat prendra les mesures nécessaires pour faciliter la création de petites exploitations di-

rigées par le père de famille, sans le concours de bras merce-
naires. On se défie, avec raison, des panacées universelles, et
cependant, je serais presque tenté de considérer ce système de
« colonisation à l'intérieur » comme un remède à peu près
certain contre les graves malaises dont souffre notre société.

Partant de ce principe que l'Etat est le véritable propriétaire
du sol et que le propriétaire nominal n'en est que l'usufruitier,
l'Etat a le droit et le devoir d'exiger que cet usufruitier gère le
bien en père de famille, c'est-à-dire de façon à ce qu'il ne péri-
clite pas en ses mains. Sans tenir compte des convenances personnelles, et se plaçant au point de vue de l'intérêt général qui
prime toujours l'intérêt particulier, l'Etat exigera que le déten-
teur du sol le cultive réellement, et pour atteindre facilement ce
but, on dégrévera les terres au prorata de leur rendement, de
façon à ce qu'un champ, donnant son maximum de production,
ne payera qu'un impôt très-minime, tandis que la taxe pèsera
lourdement sur les terrains incultes : landes, bruyères, vaines
pâtures, marécages et jachères. De même les terres affermées
payeront un impôt supérieur à celui des terres cultivées directement par le propriétaire. Ces mesures équivalent à la destruction de la grande propriété ; mais j'ai la conviction que,
la première émotion passée, on ne tardera pas à en apprécier les
excellents effets, car, le propriétaire se refusant à cultiver, sera,
par le fait de son refus, soumis à l'expropriation, et si des
particuliers n'achètent pas les terres expropriées, la caisse
spéciale du Crédit agricole s'en rendra acquéreur, fera exécuter
les grands travaux d'assainissement, d'irrigation, de viabilité, et
construira des groupes d'habitations agricoles.

Pour acquérir une de ces fermes, dont l'étendue ne dépassera
pas 10 hectares, il suffira simplement d'être Français, marié,
valide et sans casier judiciaire. Le prix fixé au taux des débours
de l'Etat sera payable par annuités à partir de la troisième année
d'occupation. Pendant ces trois premières années, concédées gratuitement, l'Etat exercera un contrôle sur le colon auquel la
concession sera retirée s'il ne justifie d'un quantum de travail
exécuté.

Cette opération financière, loin de grever le budget national, peut être considérée comme devant accroître d'une façon presque indéfinie les ressources de l'Etat. En effet, à mesure qu'un nouveau centre agricole sera fondé, ce territoire, jusque-là à peu près improductif pour l'Etat, acquérera, au point de vue de l'impôt, une importance qui se développera avec sa richesse ; l'appropriation de ces terrains sera fort peu onéreuse, puisque l'Etat peut employer aux travaux un tiers au moins de l'armée permanente (hommes et chevaux) sans compter les condamnés subissant leur peine à l'intérieur.

Je considère l'utilisation de la main-d'œuvre militaire comme une mesure utile non-seulement aux intérêts matériels de l'Etat, mais encore aux intérêts moraux de l'armée. Je crois être d'accord avec les chefs de corps en disant que plus le soldat est occupé, meilleur il est. Or, si vous admettez une nation instruite dont le contingent annuel est composé pour la très-grande majorité de conscrits pourvus du brevet d'instruction primaire, il est évident que l'éducation militaire, facilitée par l'intelligence des hommes, réclamera bien moins de temps qu'elle n'en exige aujourd'hui.

Main-d'œuvre militaire.

Il importe que le citoyen conserve pendant son séjour à l'armée le goût et l'habitude du travail, car, dans une démocratie, le service militaire n'est pas un métier, mais un impôt payé en nature par chaque citoyen. On agira donc sagement en renonçant au casernement dans les grandes villes, coutume essentiellement monarchique qui tend à pervertir le soldat, mis sans cesse en contact avec la populace et chez qui s'éveille des appétits malsains excités par les plaisirs et la corruption morale des grands centres populeux. Le conscrit, fils de cultivateur ou d'ouvrier, devant redevenir, après sa libération, cultivateur ou ouvrier n'a rien à gagner à cette fréquentation. Il vaudrait bien mieux pour lui que la première année s'écoulât dans un camp, consacrée toute entière à l'éducation militaire ; la seconde année serait employée sur les chantiers, chacun travaillant de son état et gagnant au besoin un modique salaire qui lui serait remis à la libération. Les travaux seraient évidemment suspendus une ou deux fois par semaine pour des exercices militaires et, dans certains cas, pour des manœuvres de longue durée ; mais l'avantage de ce système est, je le répète, de ne pas éloigner l'homme du travail qui est son but, son lot, son devoir.

Officiers et sous-officiers acquéreraient ainsi des connaissances spéciales qui leur faciliteraient singulièrement plus tard l'accès de nombreuses carrières, sans détriment pour leur instruction professionnelle ; car il est évident qu'aui our du danger l'officier qui aura passé une moitié de sa vie de soldat à étudier l'art militaire et l'autre à diriger de grands travaux sera aussi redoutable que celui qui aura traîné son existence militaire dans les loisirs de garnison. On reste émerveillé en songeant aux splendides conquêtes qu'obtiendrait, en peu d'années, cette immense main-d'œuvre nationale appliquée au défrichement, à l'assainissement, à la viabilité, à la fécondation du sol de la mère-patrie.

Dans l'état actuel des choses, le service militaire éloigne certainement de la vie agricole un grand nombre de jeunes gens qui contractent dans les garnisons des habitudes d'oisiveté et de plaisir dont ils ne veulent plus se passer. Cela est vrai surtout pour les gradés, c'est-à-dire pour les hommes dont l'intelligence serait précieuse à la campagne, et qui restent déclassés sur le pavé des villes, en quête d'un petit emploi qui les fera vivre misérablement, alors qu'ils trouveraient aux champs une existence relativement heureuse pour eux et leur famille ; parfois même le sentiment de dignité les abandonne tout à fait, et ils demandent des moyens d'existence aux métiers les plus vils : agents secrets de basse police, marchands de vin... ou pires encore. Cette foule parasite, vivant sur la communauté sans rien produire, énerve promptement le sentiment patriotique et entretient un ferment d'agitation politique nuisible au développement des institutions et des libertés, car le progrès social est l'œuvre du travailleur et non celle du déclassé. C'est dans cette cohue d'oisifs sceptiques, hargneux, besogneux et avides, que les ambitieux politiques recrutent le personnel d'agents indispensables pour fomenter les discordes civiles, et il arrive un moment où le nombre de ces nonvaleurs dissolvantes est si grand qu'il enraye le mécanisme social et qu'une explosion devient inévitable. Or, toute commotion violente dans une démocratie a pour conséquence fatale un recul de la liberté et l'invasion du césarisme, sous quelle forme, d'ailleurs, qu'il se présente.

En théorie, il serait rationnel de n'accorder les droits civiques qu'aux citoyens réellement producteurs ; mais la distinction étant presque impossible à établir, il n'y a pas lieu de chercher à appliquer ce principe, et l'on doit seulement s'efforcer de ramener à la saine vie des champs le plus grand nombre de citoyens. On obtiendra ce résultat en habituant le soldat aux travaux agricoles et en le récompensant de sa bonne conduite au corps par une concession de terrain. Ces concessions, absolument personnelles et inaliénables sans le consentement exprès de l'Etat, remplaceraient avantageusement, et sans dommages pour le Trésor, les pensions de retraite et les emplois de faveur qui seraient réservés aux invalides. Il est évident que si, au lieu d'accorder une pension de 500 fr. par exemple, l'Etat donne une concession représentant un capital de 8,000 fr., les finances nationales ne seront pas lésées, puisqu'au lieu d'une dépense improductive elles auront, au moyen d'une somme une fois payée, créé un nouveau foyer de production.

Concessions aux Soldats.

A la mort du titulaire, la concession serait maintenue à sa veuve ou à ses enfants, moyennant un loyer minime. Ces concessions ne pouvant être utilement exploitées que par une famille, l'intérêt du titulaire serait donc d'épouser, aussitôt sa libération, une femme intelligente, laborieuse, capable de le seconder dans sa nouvelle existence. Vous réduisez ainsi dans une très-grande proportion le nombre des célibataires en offrant, pour ainsi dire, une prime à la famille. Bien loin de diminuer les forces nationales, vous augmenterez leur énergie en multipliant les propriétaires, c'est-à-dire les gens directement intéressés à la sécurité de la patrie. Ainsi ont pensé toutes les grandes nations militaires. depuis l'ancienne Rome jusqu'à la Russie actuelle qui compte les Cosaques agriculteurs parmi ses plus intrépides soldats.

De ce que je considère le développement de l'agriculture comme le moyen le plus efficace pour combattre le paupérisme, il ne faut pas conclure que je dénie à l'industrie le droit d'occuper la place immense qu'elle remplit dans notre civilisation. Son rôle est magnifique, et c'est à son essor que nous devons tous les

De l'industrie.

progrès ; mais elle ne répond, en somme, qu'à des besoins secondaires, elle n'est véritablement une source de richesse et, par conséquent, de bien-être, que si elle s'appuie sur une agriculture assez florissante pour assurer à la nation les ressources indispensables aux premiers besoins de l'homme. Un pays qui, pour se lancer à outrance dans la vie industrielle, néglige les productions du sol, court aux catastrophes ; le paupérisme le dévorera.

Pour l'industrie comme pour tout ce qui veut vivre et prospérer, le premier besoin est la liberté, la liberté complète, absolue, avec toutes ses responsabilités. Toute ingérence de l'Etat, toute réglementation officielle est un obstacle, une gêne à l'épanouissement industriel. L'intérêt personnel est plus habile, plus savant que les lois les mieux faites. Le devoir de l'Etat se borne à maintenir de la façon la plus stricte une liberté égale pour chacun et la loyauté des trafics. De quel droit s'interposerait-il entre le producteur et le consommateur ? Entre l'ouvrier et le patron ? Toutes les associations, tous les syndicats, toutes les grèves sont licites pourvu qu'elles ne portent aucune atteinte à la liberté, au libre arbitre, que l'Etat doit protéger énergiquement.

S'il plaît aux ouvriers de quitter un chantier et d'alimenter les grèves par des cotisations volontaires, n'usent-ils point d'un droit indiscutable ? Quelqu'un peut-il leur imposer une quotité de salaire ?

Mais si, même au nom de l'intérêt collectif, ils exercent une pression quelconque sur leurs compagnons de chantier, ils sont coupables et méritent d'être traités comme tels, car il n'y a d'autres lois que celles de l'Etat qui proclament hautement le droit à la liberté du travail.

On a trop souvent hésité à protéger cette liberté ; le gouvernement s'est montré indécis, et, en pareil cas, l'indécision est une faute grave dont les conséquences deviennent bientôt funestes. L'extension des grèves, les conflits douloureux qu'elles amènent n'ont jamais eu d'autre cause que le retard apporté par les agents du gouvernement dans l'exécution des lois.

Dans une démocratie, un mandataire de la loi ne doit jamais parlementer. Même couronnées de succès, ses tentatives de concilia-

— 47 —

tion sont néfastes ; elles énervent l'autorité. Que des citoyens
recommandables par leurs vertus, leur situation, leur influence
personnelle s'efforcent courageusement de calmer les esprits sur-
chauffés, rien de mieux ; ils accomplissent à leurs risques et périls
une noble mission civique ; mais, du moment où un homme parle
au nom de la loi, il doit commander et exiger immédiatement
qu'on obéisse. La monarchie avec ses vieilles mœurs avait du
bon, elle pouvait parlementer avec l'émeute, la charte était
l'œuvre d'un homme ; mais la loi démocratique est implacable.
C'est à nous de savoir si notre tempérament est assez fort pour
supporter le régime républicain dans son austérité et sa rigueur.

Mon avis est donc qu'en dehors de la protection au travail et
de la sécurité de la rue, l'Etat s'abstienne complétement de toute
ingérence dans les affaires industrielles et spécialement dans les
rapports entre patrons et ouvriers. Qu'il laisse les intérêts se dé-
battre ; comme des métaux dans la fournaise, ils crépitent
d'abord et s'allient ensuite. Ce sont des querelles de famille qui
finissent toujours par s'arranger quand les tiers ne s'en mêlent
pas. L'Etat n'a rien à voir dans ces questions spéciales qui n'inté-
ressent qu'une infime minorité de la collectivité nationale. Du
moment où le citoyen est libre de travailler à son heure, à sa
guise, c'est à lui de choisir l'emploi de son temps. L'ouvrier
honnête, laborieux, économe, trouvera toujours la juste rétribu-
tion de son travail, et l'intérêt du patron, c'est-à-dire du capital,
sera toujours de payer la main-d'œuvre en proportion de sa valeur.

J'ai déjà dit mon opinion sur les Sociétés coopératives. Le titre
peut constituer une réclame alléchante ; le fait n'est qu'une utopie.
La coopération n'est réellement possible que pour les capitaux.
L'ouvrier a besoin d'un salaire fixe et assuré sur lequel il puisse
absolument compter pour l'établissement de son budget particulier.

Or, aucune industrie, même la plus florissante, ne peut garantir
un bénéfice permanent ; les meilleures entreprises sont menacées
par des chances mauvaises que seul le capital peut courir. Le
vieux refrain : « la terre au paysan, l'usine à l'ouvrier » est au
moins à moitié absurde.

L'unique coopération à laquelle l'ouvrier puisse prétendre est une part dans les bénéfices réalisés. Mais cette participation doit être librement consentie par le patron, seul maître et responsable de ses intérêts. Ne touchons pas aux responsabilités, elles comptent parmi les garanties les plus précieuses de l'ordre social.

Liberté du travail. Je considère la participation aux bénéfices comme un stimulant énergique et une excellente mesure profitable aux intérêts du patron et de l'ouvrier, mais à la condition qu'elle ne soit qu'une gratification volontaire et non une charge imposée. De même pour le travail aux pièces. Le patron a le droit d'introduire dans le contrat qu'il passe avec l'ouvrier telle clause qui lui convient ; l'ouvrier est libre d'accepter ou de refuser, mais aucune loi, si révolutionnaire soit-elle, ne pourra imposer à l'un ou à l'autre des obligations quelconques en dehors du contrat librement consenti. Que les patrons renvoient tous leurs ouvriers, pourvu qu'ils ne les molestent pas, l'Etat n'a pas à intervenir ; que les ouvriers mettent une usine en interdit pourvu qu'ils ne fassent rien pour en défendre l'accès, l'Etat n'a pas à s'en préoccuper ; son devoir est de rester impassible et impartial, de ne créer aucun monopole, et de ne jamais s'ingérer dans le conflit des intérêts. Car, c'est à cette ingérence qu'il faut attribuer, en grande partie, les symptômes de défiance et de haine qui caractérisent les revendications ouvrières. Les patrons, s'appuyant sur les vieilles lois monarchiques qui les protégeaient manifestement, ont, tout d'abord, repoussé les justes réclamations des ouvriers ; et ceux-ci, à leur tour, grisés par l'émancipation, excités par des meneurs qui exploitent les colères au profit de leur ambition, rêvent une action gouvernementale qui imposerait aux patrons la contrainte qu'eux ouvriers ont subie jusqu'ici. Des deux côtés on réclame l'appui du gouvernement pour le triomphe de ses passions et de ses intérêts ; des deux côtés la liberté est méconnue. L'équilibre ne s'établira que lorsqu'ouvriers et patrons seront bien convaincus de la complète indifférence de l'Etat dans leurs querelles. Les ambitieux alors sentiront se dérober sous leurs pieds le terrain de l'intrigue, et la nation, redevenue maîtresse d'elle-même, ne tardera pas à recouvrer le calme indispensable au développement de sa prospérité.

DU GOUVERNEMENT

Je ne veux pas parler politique, et je laisse de côté toutes les questions qui ne touchent pas directement à ma thèse.

La forme du Gouvernement étant, à mon avis, la conséquence rigoureuse du degré d'éducation sociale, et cette étude ayant, dès le début, admis l'existence d'une constitution démocratique, je ne saurais concevoir d'autre forme gouvernementale que la forme républicaine. La France est-elle mûre pour la République ? Je n'ai pas à répondre à cette question.

La République est la conséquence directe du suffrage universel. Si le suffrage universel est inintelligent; s'il élève au pouvoir des hommes inférieurs à leur mission; si, au lieu d'imposer sa volonté réfléchie, il se laisse guider par des instincts et des passions; si, au lieu de commander, il obéit ; s'il n'est qu'un instrument aux mains des ambitieux ; si, en un mot, il fonctionne avant son temps, la logique le condamne, et la nation, trop jeune pour user d'un aussi dangereux instrument, en sera nécessairement dépossédée après quelque folie sanglante. Il ne m'appartient pas de prononcer dans un aussi grave débat. J'ai à étudier les moyens les plus efficaces pour combattre le paupérisme, j'estime que cette lèpre ne peut être guérie que par une sage application du principe démocratique ; donc, sans examiner l'état présent de la société, et me plaçant uniquement au point de vue de la philosophie, je résumerai brièvement les conditions dans lesquelles doit se mouvoir un gouvernement démocratique, type (idéal si l'on veut) du gouvernement parfait.

Le gouvernement démocratique est le seul qui n'ait pas le droit de se défendre. Emanation directe de la communauté, il n'a d'autre mission que de faire respecter la volonté nationale. C'est d'elle et d'elle seule qu'il a reçu mandat ; il faut que cette volonté s'affirme nette, éclatante, loyale, loyale surtout ; mais la volonté nationale n'est pas seulement la volonté de la majorité. Le gouvernement doit le respect à toutes les opinions, aussi bien à l'opinion des minorités qu'à celle de la majorité. La majorité ne décide que dans les questions de politique étrangère, de tarifs ou d'impôts. A l'intérieur, la liberté la plus complète doit régner pour la pensée, et un gouvernement démocratique qui se permet de scruter les consciences, d'entraver la libre manifestation de l'idée même chez les fonctionnaires de l'Etat, ment à son titre et n'est qu'une mauvaise caricature de la monarchie et du césarisme.

Gardons-nous de confondre le gouvernement démocratique avec le gouvernement de la foule. L'un s'appuie sur la liberté et le droit, l'autre sur la licence et l'oppression. Oppression pour oppression, celle d'en haut vaut mieux que celle d'en bas. Plutôt l'Empire avec sa brillante légende, la Monarchie avec son passé glorieux, que le gouvernement d'un parti qui ne devrait son succès qu'à l'habileté de ses chefs et aux concessions faites à la populace. L'étiquette républicaine de ce gouvernement le rendrait encore plus odieux, puisque, en se couvrant d'un titre mensonger et en le traînant dans ses orgies, il le discrédite et recule peut-être le moment où les véritables institutions républicaines seront acceptées par tous les citoyens pour le plus grand bonheur de la nation.

Du reste, la politique du ruisseau s'incarne toujours dans la personne de politiciens que leur habileté ne protège pas longtemps. Tels ces végétaux qui poussent dans la vase et dont la tige luxuriante atteint, en quelques jours, la hauteur du chêne noueux : un souffle les abat ; nés dans la corruption, ils y retombent. Une nation démocratique doit extirper sans pitié ces parasites malsains ; sa constitution politique doit être assez parfaite pour que l'influence des ambitieux soit nulle, pour que les passions populaires ne puissent pas être exploitées, pour que la liberté ait autour d'elle une garde suffisante pour la défendre contre toutes les attaques.

Tant que l'Etat et le Gouvernement ne feront qu'un, tant que les postes de l'Etat seront à la disposition des membres du gouvernement, la nation ne sera pas républicaine et il vaudra mieux pour elle subir franchement l'autorité d'un monarque plutôt que le joug cauteleux d'un ou de plusieurs césars anonymes. Le système républicain a pour base l'indépendance de tous les citoyens sans exception, y compris les fonctionnaires contre lesquels on ne peut relever, outre les crimes de droit commun, que le crime de lèse-nation. Les fonctionnaires, depuis les ministres jusqu'aux plus humbles agents, doivent être placés dans une situation telle que le pays bénéficie de leurs talents et de leurs vertus sans que leurs défauts ou leurs vices puissent lui porter préjudice. Choisir ses agents parmi les candidats agréables ou dévoués à telle ou telle politique, est l'œuvre d'un gouvernement de parti et non d'un gouvernement républicain, car le gouvernement de la République, absolument impersonnel, n'exige de ses auxiliaires que le dévouement au pays.

L'exercice du pouvoir est fatal aux consciences ; la Constitution devra donc mettre les hommes qui en sont revêtus à l'abri des défaillances de leur humaine nature, et, pour cela, elle leur refusera la disposition des postes de l'Etat qui, jusqu'au grade de ministre, seront distribués au concours. Cette mesure seule peut assainir nos mœurs politiques corrompues par une longue pratique monarchique. Le mérite remplaçant la faveur, telle est la grande, l'immense réforme vers laquelle doivent tendre tous les efforts de la conscience publique.

Vous demandez là, dira-t-on, la désorganisation de toute administration ; autant vaudrait demander la destruction des hiérarchies, c'est la tour de Babel ; aucune nation ne pourrait résister à une pareille épreuve.

Toutes ces objections sont intéressées ; elles ne résistent pas à la discussion et, bien qu'une étude approfondie de la question ne puisse trouver place dans cette brochure, j'espère prouver en quelques mots que l'indépendance des fonctions, loin d'être un élément de décomposition, serait, au contraire, la plus précieuse des garanties de l'ordre social.

Et, avant d'essayer cette preuve, je tiens à déclarer que je ne m'inspire aucunement des événements qui se passent dans le temps où j'écris ; je soutiens une thèse générale sans me préoccuper des incidents ou des anecdotes de l'histoire contemporaine ; fidèle aux intentions de M. Pereire, je ne veux et ne dois connaître ni le nom, ni les actes des hommes qui nous gouvernent.

La plaie de notre société politique est la dépendance absolue dans laquelle se trouvent placés les fonctionnaires. Cette vassalité que subissent tous les emplois, depuis le plus petit jusqu'au plus humble, n'a rien de commun avec la discipline hiérarchique qui ne porte aucune atteinte à la dignité du caractère et laisse subsister intact le libre arbitre. Mieux vaudrait la vénalité des charges que cette souplesse de conscience à laquelle doit se résigner tout homme désireux de faire son chemin dans la carrière de l'Etat.

Quand un gouvernement monarchique ou oligarchique exige le serment de fidélité, il reste dans la logique de son principe. Ces gouvernements représentent des intérêts personnels souvent opposés à ceux de la nation. Exerçant l'autorité soit au nom divin, soit en vertu de leur force militaire et policière, ils se considèrent comme en état permanent de légitime défense et exigent de leurs serviteurs le serment de les servir avant et même contre le pays. C'est un marché proposé et accepté, partant loyal. Le fonctionnaire qui tient son poste et son traitement de la faveur du roi n'est engagé qu'envers le roi ; par cela même qu'il brigue un emploi, il épouse la politique royale et s'engage à la défendre ; aucun contrat ne le lie à la nation dont il est prêt à combattre les aspirations si elles sont contraires aux intérêts ou à la volonté du maître. Il est donc juste que le souverain, qu'il soit empereur, roi, directoire ou convention, récompense ce dévouement et distribue à ses fidèles, grades, titres, honneurs, décorations et traitements. Une commune destinée les unit ; ils vont ensemble à la fortune ou à la peine.

En est-il ainsi dans un état démocratique ? Non, certes ! Le suffrage universel, en déléguant à ses mandataires le soin de gérer les intérêts de la communauté, n'abdique pas son autorité. Sans doute, les élus de la majorité doivent s'inspirer dans leurs actes des intentions de leurs électeurs, mais ils commettraient un véritable crime et se rendraient coupables de la plus odieuse des tyrannies s'ils prétextaient de leur élection pour opprimer les minorités composées, elles aussi, de citoyens ayant les mêmes droits que les électeurs de la majorité.

Les prérogatives de la majorité s'exercent sur la quotité et la nature des impôts, les relations extérieures, les déclarations de guerre. En dehors de ces trois grandes opérations sociales qui ne doivent être résolues que selon la volonté du plus grand nombre, l'égalité la plus absolue doit être appliquée aux citoyens. Tous sont appelés à servir la patrie commune, et il n'appartient à personne, pas même aux élus de la majorité, de scruter les consciences. Agir autrement, créer au profit d'une majorité le droit d'examen de consciences, de distribution arbitraire des emplois et des grades, serait constituer un état tyrannique plus méprisable que la royauté et le césarisme qui, en échange de la liberté, donnent au moins au pays la stabilité et la sécurité. Le souverain, d'ailleurs, assume une responsabilité qui est une garantie pour la nation ; l'intérêt dynastique est un gage précieux que ne sauraient fournir les élus d'une majorité éphémère. On conçoit qu'au fort de la lutte ou même le lendemain d'une victoire, les partis soient frappés d'aveuglement et exercent d'odieuses représailles ; mais la nation doit sortir, au plus vite, de ces convulsions de l'émeute et se défendre contre ses propres entraînements. Or, toutes les fois que le pouvoir sera confié à un homme sous la seule condition de l'approbation des foules, cet homme, quelle que soit sa vertu, deviendra un tyran ; et si, dans ces conditions, le pouvoir est émietté dans les mains de plusieurs hommes, la nation subira un joug d'autant plus brutal et démoralisateur que ses tyrans seront plus nombreux et plus obscurs.

L'exercice du pouvoir grise les hommes, même ceux que les conditions de naissance, une grande élévation de caractère ou une longue pratique de l'autorité sembleraient devoir préserver de cette ivresse ; à plus forte raison est-il dangereux pour les inconnus d'hier, tirés de leur obscurité par un caprice du suffrage. On ne saurait sans injustice reprocher à ces parvenus le démenti donné par leurs actes à leurs promesses et leurs serments ; beaucoup agissent de bonne foi s'en s'apercevoir de l'étrange transposition de leurs sens. C'est à la nation à se mettre en garde contre ces hallucinations spéciales en limitant de la façon la plus nette le mandat confié à ses élus.

Dans une démocratie organisée, les membres du Gouvernement ne sont, en réalité, que des magistrats d'un ordre supérieur appliquant des lois nettement formulées auxquelles eux-mêmes sont soumis. Leur mission consiste à gérer les affaires de la nation avec l'aide de collaborateurs soumis à la discipline hiérarchique mais qu'ils ne peuvent ni choisir à leur gré, ni révoquer *ab irato*, leur décision pouvant être frappée d'appel.

Avant d'étudier le mode de recrutement désirable pour les fonctionnaires, repoussons, tout d'abord, la théorie dite *démocratique* de l'élection par le peuple, système philosophique dont l'essai, livré à la démence populaire, conduisit, en quelques mois, notre nation jusqu'à cet état d'anarchie où l'existence même de l'ordre social est compromise.

Le principe de l'élection est assurément fort respectable, il est l'origine de toute autorité qui ne se prévaut pas de la force ou du droit divin, mais son application équivaudrait à la destruction de tout organisme social.

Dans une circonstance grave, en l'absence d'une autorité légitime on comprend que des hommes se groupent et choisissent parmi eux un chef auquel ils délèguent une autorité éphémère, il est vrai, mais absolue pendant toute sa durée.

Bien qu'issue du suffrage, cette autorité s'impose énergique, violente comme le péril qui l'a fait naître. Mais, dans un Etat démocratique, cette délégation par le suffrage n'est qu'inutile et dangereuse. A un organisme aussi compliqué que celui d'une nation il faut de la stabilité ; il faut que l'appareil social repose sur une législation assez solide pour qu'il fonctionne paisiblement, régulièrement, sans secousse violente. Or, le suffrage universel est trop impressionnable, trop mobile dans ses volontés et ses passions pour qu'on puisse lui confier ce que j'appellerais « l'entretien des petits rouages. »

Les lois une fois établies par ses mandataires directs, il doit les respecter, et il serait absolument illogique qu'il soit appelé à choisir les hommes chargés de les appliquer.

Ces hommes, les fonctionnaires, doivent être indépendants à

la fois et du gouvernement et du peuple ; ils ne relèvent que de la loi. Dépositaires des grands intérêts nationaux, ils ne son. responsables que devant la nation, au nom de laquelle ils exercent leur autorité sur tous les citoyens grands et petits, même sur les membres les plus élevés du Gouvernement.

Pour se mouvoir librement dans la plénitude de son indépendance, il faut que le fonctionnaire ait la possession de son grade par voie de conquête légitime due à son travail, à son mérite et non pas à la faveur ou à l'intrigue ; il faut que cette possession lui soit garantie et que la manifestation de ses sentiments ne puisse en aucune façon nuire à sa carrière.

Il doit à ses chefs le respect et l'obéissance hiérarchiques ; s'il manque à ses devoirs, il est passible de peines prévues, édictées par la loi, mais là s'arrête sa sujétion et, comme tout autre citoyen, il conserve le droit d'apprécier les actes de ses supérieurs et de manifester son opinion, car il n'est engagé que vis-à-vis de la nation, et une nation vraiment démocratique ne s'incarne jamais dans un homme quel qu'il soit.

Tout autre système tendant à constituer les fonctionnaires en corps spécial avec faculté de nomination et de révocation attribuée aux supérieurs viole le principe de la démocratie et porte atteinte à la sécurité de la nation sans cesse menacée d'un coup de main.

L'indépendance des fonctionnaires, au contraire, outre qu'elle est conforme au principe démocratique, assure la stabilité des institutions contre lesquelles toute coalition devient impossible ; elle garantit en même temps les droits et intérêts des minorités dont les membres sont appelés à concourir au même titre que ceux de la majorité ; la nation dispose ainsi de toutes ses forces vives et elle n'est plus sans cesse secouée par le choc violent des partis, devenus impuissants par défaut de cohésion.

Si à la nomination par le gouvernement et à l'élection par le peuple la loi substitue la nomination par voie de concours, elle moralisera promptement toute une catégorie de citoyens dont le système actuel, basé sur la faveur et sur l'intrigue, tend à rabaisser le caractère ; elle moralisera en même temps le suffrage universel en plaçant les candidats dans l'impossibilité d'exploiter les ambitions et les cupidités. Quand il sera bien reconnu que l'influence d'un député ne peut faire obtenir aucune faveur à son électeur, la matière électorale deviendra moins malléable, le citoyen ne se laissera plus duper par les promesses des agents raccoleurs, il apportera dans le choix de son mandataire plus de patriotisme, car son intérêt particulier ne sera plus en jeu, et son vote ne sera plus inspiré que par le souci de l'intérêt général.

On élève contre le concours une objection très-sérieuse à laquelle je m'empresse de répondre.

Le concours, dit-on, offre toutes les garanties d'intelligence, d'aptitudes, de savoir, mais ces mérites, si grands soient-ils, ne suffisent pas pour élever un personnage aux fonctions de l'Etat ; la dignité de la nation, l'intérêt matériel et moral des citoyens exigent que les fonctionnaires soient des hommes recommandables surtout par l'honnêteté de leur vie, la loyauté de leurs sentiments, la probité de leur conscience, qualités précieuses, d'une appréciation fort délicate et qui échappent à tout programme de concours.

Je reconnais à cette objection une très-grande valeur, et, bien qu'on puisse entourer les conditions d'admissibilité de garanties telles qu'elles pourraient peut-être satisfaire la conscience publique, j'estime que l'on ne saurait aller trop loin dans les mesures de prudence ayant pour but la sécurité et la dignité nationales, et je vais indiquer sous la forme la plus concise comment on pourrait barrer la route des fonctions de l'Etat aux hommes qui n'apporteraient dans l'accomplissement de leur mission qu'une intelligence d'élite et une conscience dépravée.

Projet pour le recrutement des fonctionnaires.

Tout aspirant aux fonctions de l'Etat devra fournir un extrait de son casier judiciaire, une attestation qu'il n'a subi aucune condamnation devant un Tribunal de commerce, un certificat signé du Maire et du commissaire de police déclarant que ses mœurs, sa conduite, son caractère n'ont jamais provoqué de plaintes contre lui ;

2° Les concours sont publics. Ils ont lieu à Paris pour les emplois corres-

pondant à un traitement de plus de 3,000 fr., et aux chefs-lieux de dépar-
tements pour les emplois inférieurs ;

3° Les examinateurs sont chaque année désignés par le sort sur la liste
des chefs et sous-chefs des différents services ;

4° Les lauréats sont inscrits selon l'ordre de leurs mérites sur le tableau
d'avancement. Les premiers inscrits ont le droit de refuser les postes qui ne
seraient pas à leur convenance, sans que ce refus leur enlève leur rang d'ins-
cription ;

5° Le fonctionnaire désigné pour un poste remplit pendant deux mois les
fonctions de son emploi sans que sa nomination soit définitive. Durant ces
deux mois une Commission spéciale reçoit toutes les protestations. Ces protestations doivent être signées, mais les membres de la Commission ne sont
pas autorisés à divulguer le nom des signataires. Si, après enquête contra-
dictoire, la Commission croit devoir admettre ces protestations, elle porte le
débat devant une haute Cour qui statue, maintient le titulaire dans son nouveau grade, le replace dans ses anciennes fonctions ou prononce sa révocation
si les faits prouvés par l'enquête sont de nature à porter atteinte à la dignité
de la fonction.

Cette haute Cour statue en outre dans les conflits de supérieur à inférieur.
Elle admet les réclamations des inférieurs contre leurs supérieurs pour faits
relatifs à la discipline, mais dans le cas d'une réclamation mal fondée, elle
punit d'une peine sévère celui qui l'a soulevée ;

6° L'auteur, quel qu'il soit, d'une dénonciation reconnue calomnieuse
contre un fonctionnaire est poursuivi d'office comme diffamateur.

7° Les chefs de service sont appelés à donner tous les ans des notes sur
l'assiduité, l'intelligence, la moralité de leurs inférieurs. Ces notes destinées
à faciliter la tâche des jurys ne sont point confidentielles; l'intéressé peut
toujours en demander communication ;

8° L'inférieur ne doit obéissance à ses supérieurs que pour ce qui concerne
son service. Tout supérieur convaincu d'avoir tenté d'exercer une pression
quelconque sur la conscience religieuse ou politique de son inférieur sera
puni disciplinairement ;

9° Le supérieur est, pour ce qui regarde le service, armé d'une autorité
absolue ; il inflige le blâme, l'amende et peut même prononcer la révocation,
sauf appel devant la haute Cour ;

10° Les députés, conseillers généraux, municipaux, etc., etc., et en général tous les élus du suffrage n'ont aucune autorité sur les fonctionnaires. Leur
mission consiste dans le mandat législatif et dans la protection des intérêts
généraux de leurs commettants.

Tout candidat convaincu de promesses faites à un fonctionnaire sera poursuivi pour tentative de corruption.

Je n'ai pas la prétention de codifier ; mon but a simplement été de présenter sous la forme la plus concise les avantages que la nation retirerait de l'application du concours aux nominations des fonctionnaires. Un gros volume suffirait à peine pour fixer les détails de cette importante réforme que je dois seulement esquisser.

Son influence serait considérable contre l'extension du paupérisme, car elle assurerait la stabilité des institutions, débarrasserait le terrain politique des ambitieux dont l'intérêt excite sans cesse de nouveaux troubles d'opinion, et permettrait à la nation de concentrer toutes ses forces vives sur le travail, la production, et, par conséquent, le bien-être du plus grand nombre.

CONCLUSION.

Me voici parvenu au terme de cette étude. Ainsi que je le disais dès la première page, je n'apporte aucune idée nouvelle. Le monde est si vieux et l'intelligence humaine a tellement fouillé les éternels problèmes que, seul, un insensé pourrait croire aujourd'hui trouver leur solution. La loi de l'inégalité des conditions restera toujours parmi les grandes inconnues que l'homme ne peut sonder.

Le caractère étrange de la répartition inégale du bonheur terrestre est la facilité avec laquelle les déshérités l'acceptent. Cette abnégation ne peut s'expliquer que par une intervention providentielle. Les misérables obéissent à leur destinée comme ces êtres plaintifs et douloureux qui ne semblent avoir été créés que pour souffrir.

La Religion, avec sa théorie de la vie future et de la justice divine, peut admettre l'inégalité de répartition, mais le matérialisme, pur de tout alliage religieux, conduit fatalement à la révolte du misérable, à l'oppression du fort, c'est-à-dire à l'anarchie et au chaos. A mon sens, une société matérialiste ne peut marcher que par l'effet de la vitesse acquise que l'idée religieuse lui aura jadis imprimée; car l'idée religieuse seule explique la conscience, la morale, la vertu et peut apaiser les revendications terribles qu'aucun système philosophique ne pourra satisfaire. En dehors de la responsabilité de l'âme, il n'y a que des appétits et des sensations. Patriotisme, honneur, solidarité sont pour le matérialiste logique des abstractions vides de sens. Qu'il rêve de fonder une société sur la vertu ou sur le gendarme, l'utopie est la même; car la vertu est la violation de tous les instincts, et le gendarme est une expression de la vertu. S'il est prouvé que, nés dans le néant, nous y rentrons après la mort, la satisfaction des instincts deviendra l'unique préoccupation de la vie, et il ne faudra pas compter sur le gendarme qui n'hésitera jamais entre son intérêt et son devoir. Nous retournerons peut-être ainsi à l'homme nature, mais nous ne vivrons plus en état de société; car cet état ne peut s'établir que sur la base de la responsabilité humaine, laquelle exige Dieu pour sanction. Il est donc, selon moi, absolument indispensable d'admettre l'idée religieuse sinon comme une réalité au moins comme une nécessité politique. Seule, elle apaise les tortures morales contre lesquelles tous les secours humains sont impuissants; au soldat elle explique le grand mot de « patrie; » au pauvre celui de « sacrifice; » au riche celui de « charité. »